GUÍA PRÁCTICA DE ILUSIONISMO

Hausson

GUÍA PRÁCTICA DE
ILUSIONISMO

MA
NON
TROPPO

© 2016, Jesús Julve

© 2016, Redbook Ediciones, s. l., Barcelona

Diseño de cubierta: Regina Richling

Diseño de interior: Amanda Martínez

ISBN: 978-84-15256-91-5

Depósito legal: B-3.952-2016

Impreso por Sagrafic, Plaza Urquinaona 14, 7º-3ª 08010 Barcelona

Impreso en España - *Printed in Spain*

Este libro esta dedicado a:
Marga, Albert y en especial a mi jefe de atrezzo.

ÍNDICE

EL POETA HAUSSON

Jesús Julve, Hausson, es uno de los grandes ilusionistas actuales. Lo es por el prodigioso dominio que tiene de la técnica -sin la cual la magia no existe-, y lo es también por su actitud ética ejemplar. El añorado Joan Brossa ya lo había escrito más de una vez: la mayoría de espectáculos de magia se suelen plantear buscando el aplauso fácil de los espectadores y abusando de la fantasía; en cambio Hausson anhela transformar su trabajo escénico en una muy especial poesía que se concreta a través de la imaginación. Y lo digo después de décadas de admirar su trabajo como simple espectador, y también por la experiencia apasionante de haber escrito un espectáculo del que Hausson fue el protagonista, con las actrices Carmen Callol y María Ribera a su lado. Se trata de *Tempesta a les mans*, estrenado el 3 de marzo del año 2004 en el Espai Joan Brossa de Barcelona. Trabajando con Hausson te das cuenta de hasta qué punto el artista se acerca a la perfección técnica en la manipulación del pequeño formato, lejos, muy lejos, de los grandes y televisivos shows de la industria de la evasión, donde se dan, eso sí, sorprendentes desapariciones de animales y de aviones. Es gracias a esta actitud radicalmente ejemplar que en las manos de Hausson se produce la tempestad a la que nos referíamos y el hecho verdaderamente trascendente ya mencionado: la magia y el ilusionismo se transforman en auténtica poesía.

Cuando Hausson se propone, como ahora, hacer un libro de divulgación con el formato de un taller de ilusionismo, no ha dudado en aplicar los mismos criterios de honestidad que le caracterizan en el escenario: no se trata de confundir a los lectores haciéndoles creer que con la lectura de estas páginas cualquier persona dominará todo tipo de trucos, ni se trata de presentar la magia como una actividad de moda surgida en los mega teatros de Las Vegas. Al contrario: hay que presentar la magia y el ilusionismo con sus múltiples, profundas y perturbadoras raíces históricas, que no tienen nada que ver con el burdo concepto de *show business*. En este sentido, quienes se interesen por la práctica del ilusionismo deben tener claras desde el principio las enormes dificultades que suponen el aprendizaje de las técnicas requeridas para conseguir que los espectadores vivan con límpida sorpresa aquello que desde la fría razón parece imposible.

Para lograr este objetivo hay que poner en primer término lo que Jesús Julve nos explica en el apartado Cómo crear una sesión de magia. Se debe tener en cuenta una determinada escala de valores y una amplia visión de conjunto, hay que saber complementar la técnica con la imaginación, hay que tener un auténtico control del tiempo y aplicar lo que en el mundo del ilusionismo se llama mis-dirección... Dicho de otro modo: en este pequeño libro -que ciertamente no es un libro para especialistas- no se nos explica únicamente "como se hacen" algún trucos más o menos fáciles, sino que se pone en valor una actividad que se remonta por lo menos a los antiguos egipcios y que ha sobrevivido a varias civilizaciones a lo largo de milenios. Hablamos, pues, de una actividad creativa enormemente seria y que precisamente por eso debe presentarse con rigor.

En el fondo, tanto en este libro de introducción a la magia como en sus mejores logros en el escenario, Jesús Julve Hausson siempre es el mismo: el artista plenamente consciente de la responsabilidad que se adquiere cuando ofreces un trabajo a los espectadores. Ya el viejo Aristóteles decía que también se puede agradar al público con trucos de maquinaria, pero que esto no es arte, sino un engaño fácil que es mejor evitar. En cambio aquí no hay "trucos", hay técnica y arte, hay poesía.

Jordi Coca

INTRODUCCIÓN

Apeciado lector, si está leyendo este libro es porque le interesa el mundo del ilusionismo, bien sea como curiosidad o para iniciarse en este maravilloso arte. También puede suceder que sea usted un aficionado al que le gusta sorprender a sus amigos o familiares con algunos trucos de magia o tenga el espíritu de un animador de fiestas y eventos multitudinarios.

Sea como fuere, cuando presente un juego de manos ante el público deberá hacerlo aplicando las mismas técnicas y principios como si fuese un profesional.

En este libro encontrará una serie de recomendaciones para que las aplique a la hora de hacer un juego de manos o bien si presenta varios de ellos como si fuera una sesión.

Los juegos aquí seleccionados no requieren de una gran habilidad, pero si su presentación está estudiada y bien construida, pueden llegar a tener un gran impacto en el público. Todos los juegos que se explican en este libro se pueden hacer de una forma fácil y sencilla y no por eso dejar de sorprender.

Es sabido que los magos nacen, no se hacen. También es cierto que algunas personas son más hábiles que otras. La magia pude ser una actividad que le permita desarrollar su ingenio y relacionarse con las demás personas.

Disfrute y respete este gran arte que es el ilusionismo.

1

BREVE HISTORIA DE LA MAGIA

 Los antiguos misterios

El primer ejemplo del que se tiene constancia de un juego de manos se encuentra en el Papiro de Westcar, actualmente en el Museo Nacional de Berlín. Muestra cómo un mago egipcio llamado Dedi fue llamado a actuar ante el rey Cheops, constructor de la gran pirámide de Giza (2600 aC). Dedi cortaba y recomponía la cabeza de una oca y de un pato, pero se negó a hacerlo con un prisionero que el rey Cheops le había preparado.

En los jeroglíficos representados en los antiguos templos de Egipto y Grecia hay referencias a aparentes milagros. Estos parecían hechos sobrenaturales, sin embargo pueden ser explicados por principios científicos, generalmente desconocidos por el público. Las puertas de un templo que se abrían solas cuando se encendía fuego en un altar, estatuas que respondían a las súplicas, trompetas que sonaban solas cuando se abrían las puertas del templo, estatuas de las que emanaba vino constantemente.

Esta información ha llegado hasta nuestros días gracias a los escribanos de Hero, Alejandría (62 dC) y de las excavaciones arqueológicas realizadas recientemente. La apertura de las puertas del templo se conseguía con el mecanismo que se ve en la ilustración siguiente. En realidad el altar era una caja metálica conectada a una vasija esférica llena de agua que estaba situada en el subterráneo del templo. El fuego del altar hacía que el aire se expandiese y forzara el agua a salir de la vasija, llenando un gran recipiente suspendido por unas cuerdas y poleas. Estas cuerdas estaban enrolladas a unas columnas, que por el peso de recipiente cuando se llenaba de agua,

giraban. Al estar conectadas a las puertas estas se abrían lentamente. Cuando el fuego del altar de extinguía, el aire se enfriaba y producía el efecto al revés, el agua salía de recipiente, aligeraba el peso y las cuerdas se enrollaban permitiendo que las puertas se cerraran. Que las estatuas hablasen se conseguía con unos tubos conectados a las bocas de los ídolos a través de los cuales los sacerdotes hablaban y parecía que las palabras salían de la boca de las estatuas.

En el siglo I el escribano romano Plinio grabó estas maravillas en el Templo de Heracles en Tiro, actualmente Líbano, relatando cómo los dioses aparecían en sus tronos construidos con piedras sagradas, mediante la utilización de espejos cóncavos.

El juego más antiguo del mundo

El primer relato auténtico de este juego fue descrito por el filósofo romano Séneca en el primer siglo después de Cristo. El juego de los cubiletes ya era muy conocido en este tiempo. Este pequeño truco, fue el símbolo de la magia hasta el siglo XIX, donde fue sustituido por la imagen de un conejo saliendo de una chistera. No obstante el juego de los cubiletes permanece en el repertorio de los magos modernos.

La primera ilustración conocida del juego de los cubiletes es un dibujo coloreado del año 1404: *Los niños de los planetas Luna*, de Joseph de Ulm. Muestra a un mago, un personaje familiar en la ciudad de Ulm, sentado detrás de una mesa circular con un cubilete en cada mano, hay tres bolas encima de la mesa. Este dibujo fue la inspiración de una serie de grabados del siglo XV, que mostraban a magos realizando el juego de los cubiletes.

La más famosa representación de un mago realizando los cubiletes aparece en el cuadro *El malabarista* del renombrado pintor flamenco Hieronymus Bosch (1460-1516). El mago está detrás de una mesa, donde hay los cubiletes. Un toque de humor aparece en el cuadro: una mujer atónita ante la exhibición del mago no se da cuenta que le está siendo robado el monedero.

En esta época los ilusionistas y actores de teatro formaban parte de compañías ambulantes, junto a acróbatas, malabaristas, músicos, contadores de historias.

La utilización de efectos ópticos en las antiguas religiones, fue muy popular durante el siglo XVIII y principio del XIX, denominados «fantasmagorías». Estos espectáculos utilizaban linternas mágicas e instrumentos ópticos inventados a mediados del siglo XVII, para proyectar imágenes similares a una diapositiva, sobre cortinas de gasa o humo.

Las linternas se escondían de la visita del público, es lo que actualmente se conoce como retroproyección. Las diapositivas eran opacas excepto las figuras, que permitían pasar la luz.

El creador de este tipo de entretenimiento fue el físico belga Etienne-Gaspard Robertson que llegó a París en 1798, convirtiéndolo en una atracción popular.

Robertson aseguraba la asistencia de público a sus sesiones, diciendo que podía traer la muerte a la vida. Después de que las velas se hubieran extinguido ponía unos polvos sobre un brasero sobre los que producían gran cantidad de humo, de repente los espectros podían ser vistos sobre el humo.

Los espectáculos de fantasmagorías llegaron a Gran Bretaña en 1802, cuando el mago francés Philipsthal presentó un espectáculo similar al de Robertson en Edimburgo y Londres.

No existe información de los artistas hasta la aparición de los periódicos diarios. Los anuncios de sus espectáculos así como los artículos de sus actuaciones empezaron a publicarse y con ello se empezó a conocer sus nombres.

El mago más famoso a primeros del siglo XVIII, fue sin duda Isaac Fawkes, que actuó en Londres y sus alrededores hasta su muerte en 1731. Sus actuaciones fueron admiradas por toda clase de público, desde la realeza hasta las clases plebeyas.

Uno de los juegos más conocidos de Fawkes era aquel en el que hacía aparecer huevos, monedas de plata e incluso una gallina en una bolsa. También lanzaba un juego de cartas al aire e instantáneamente se transformaba en un pájaro que volaba por todo el salón.

Un mago contemporáneo de Fawkes fue el extraordinario Matthew Buchinger. No tenía piernas y los brazos eran dos delgados apéndices. A pesar de estos inconvenientes Buchinger fue un experto en el juego de los cubiletes, con el efecto final de la aparición de pájaros de dentro de los mismos.

Completamente diferente era la forma de actuar de Gustavus Katterfelto, un médico, prestidigitador, conferenciante y pseudocientífico, que llegó a Londres en 1781. Katterfelto vendía sus curas durante la gran epidemia de gripe que asoló la capital en 1782. Como ganó gran cantidad de dinero con ello fue el blanco de los dibujantes satíricos de la época.

La parte principal de su espectáculo era el microscopio solar, el cual decía que lo había inventado. Para que fuese efectivo dependía de la luz solar, pero como el cielo de Gran Bretaña acostumbraba a estar nublado, muchas veces la demostración no podía producirse.

Después de un periodo de opulencia, la fortuna de Katterfelto fue menguando rápidamente, murió en la ruina en Bedale, Yorkshire, en 1799.

En la cumbre de la popularidad

El siglo XIX, supuso un cambio significativo en la presentación de los juegos de prestidigitación. Con la aparición de más teatros, los ilusionistas actuaban en las tabernas y plazas, presentaban sus espectáculos en estos espacios, obteniendo un gran éxito, y dando paso a un nuevo tipo de arte escénica que, en los años anteriores a la Primera Guerra Mundial, se haría muy popular.

En el siglo XIX los ilusionistas fueron grandes viajeros, el desarrollo del ferrocarril y de los barcos de vapor brindaros la oportunidad de viajar y los ilusionistas europeos visitaron América y Australia. Recíprocamente ilusionistas americanos y australianos visitaron Europa.

El mago más viajero en el siglo XIX fue el escocés John Henry Anderson, conocido como El Gran Brujo del Norte, que presentaba sus efectos mágicos en un ambiente muy glamoroso.

En 1837, Anderson debutó con el nombre de El Gran Mago Caledonian, en los teatros de Escocia y del norte de Inglaterra. Hacia 1840 hizo su aparición en Londres con el nombre del Gran Brujo del Norte, con un gran espectáculo en el que adivinaba los objetos que el público había puesto dentro de un joyero. A lo largo de su carrera profesional recorrió EEUU, Rusia, Suecia, Dinamarca, Canadá, Australia, Hawai, etc.

En marzo de 1856 se incendió el Covent Garden de Londres, mientras estaba presentando su espectáculo, no hubo que lamentar víctimas, pero las consecuencias para Anderson fueron fatales, ya que se le quemó todo el material de trabajo.

La fortuna de Anderson fue mermando, siguió viajando alrededor del mundo, pero sus deudas y acreedores devoraban sus ganancias, murió en Darlington, Inglaterra en 1874, rodeado de extrañas circunstancias.

Un mago contemporáneo de Anderson, fue el alemán Carl Herrmann, que causó una gran sensación en Londres y Nueva York. El hermano menor de Carl, Alexander, decidió en 1876 a la edad de 26 años establecerse en EEUU. Alexander Herrmann, se convirtió en el mago más famoso de EE. UU., poseía una gran mansión en Long Island, con un gran yate para su recreo.

Adelaida la esposa de Alexander, que le ayudó sus espectáculos hasta su muerte en 1896, siguió como ayudante del hermano de su esposo, Leon Herrmann. No obstante, después de tres representaciones, decidió abandonarlo y crear su propio espectáculo, consiguiendo grandes éxitos. Adelaida, la Reina de la Magia, actuó hasta los setenta y cinco años, muriendo en 1932, cuatro años después de su retiro.

Coronado como El Rey de la Magia

Otro mago americano cuyo nombre fue sinónimo de «magia» fue Harry Kellar. Este mago llevaba un gran espectáculo y tomó el relevo de Alexander Herrmann, siendo coronado como el Rey de la Magia, después de la muerte de Herrmann. El espectáculo de Kellar fue más tarde representado por Howard Thurston, que viajó por los teatros de EE.UU. con su espectáculo El asombroso Universo.

Robert Houdin

Jean-Eugène Robert Houdin nace el 7 de diciembre de 1805 en Blois y muere el 13 de junio de 1871.Gran ilusionista francés también conocido como El padre de la magia moderna, era hijo de un relojero. Empezó trabajando en la relojería de su padre hasta que un día recibió por error una enciclopedia sobre divertimentos que incluía una sección dedicada a los juegos de manos y  quedó totalmente absorbido por este nuevo descubrimiento.

La habilidad de Robert Houdin como mecánico e ilusionista le llevó a construir varios autómatas, entre ellos el Reloj misterioso, una esfera completamente transparente, con unas agujas que iban marcando las horas.

Pionero en la aplicación de la electricidad y el magnetismo en la magia, recibió numerosas distinciones entre 1844 y 1855. También abrió su propio teatro mágico en el Palais Royal de Paris en 1845. Robert Houdin se ha convertido en un símbolo nacional de Francia y en 1971 centenario de su muerte, el gobierno editó un sello de correos conmemorativo.

Muchos de sus coetáneos le atribuían toda clase de poderes sobrenaturales. Aquellos que le conocieron y frecuentaron lo consideraban como uno de los genios del siglo. Entre ellos, artistas como el escultor Dantan, el ilustrador Gustave Doré o el dramaturgo Eugène Labiche y algunos de los sabios más eminentes de la época (entre otros, los físicos Antoine Becquerel y Léon Foucault, pioneros de la electricidad).

Entre las celebridades que habrían guardado un recuerdo imborrable de su encuentro con el mago, citamos al rey Louis-Philippe, el Emperador Napoleón III o incluso la reina Victoria... Una pequeña muestra de la excepcional personalidad de Robert Houdin.

Relojero, constructor de maravillosos autómatas, debe su popularidad a la manera en que revoluciona las bases del espectáculo del ilusionismo. Dentro del *Théâtre des Soirées Fantastiques de Robert-Houdin*, la prestidigitación adquiría algo más que sus letras de nobleza: modifica totalmente el comportamiento de los espectadores, que desde aquel momento pueden apreciar el espectáculo de la magia con conocimiento de causa.

Durante una década, Robert-Houdin fue uno de los artistas más célebres de toda Europa, sobre todo después de una gira triunfal por Inglaterra, Bélgica y Alemania.

Cultivando el arte de la paradoja, Houdin consagra la primera mitad de su carrera a la «desviación» de los principales descubrimientos científicos del momento en provecho de su espectáculo del imaginario.

El Teatro Robert-Houdin siguió con su actividad años después de la desaparición de su creador. Su último propietario, de 1888 a 1923, fue

curiosamente un tal... Georges Méliès. Méliès consiguió reconciliarse con el espíritu de Robert Houdin y ser al mismo tiempo mago, inventor, poeta... encantador. El año 1896 Méliès presenta en este teatro una de la primeras sesiones de cine, contribuyendo en esta arte con todos sus conocimientos.

Fundador de una dinastía inglesa de magos fue John Nevil Maskelyne (1839-1917). Con su amigo de la infancia George Albert Cooke, crearon un estilo de espectáculos mágicos, que han perdurado, al menos durante los últimos sesenta años. Entrelazaban *sketches* y números de magia, que incluían el famoso truco del baúl.

En este efecto el ilusionista escapaba de un baúl de madera, en el cual era introducido y posteriormente envuelto en una lona. Maskelyne también era famoso por sus malabarismos, como el número de los platos que hacía girar encima de una mesa.

Maskelyne, al igual que Robert Houdin, había trabajado como relojero y usó esta habilidad para construir autómatas, el más famoso fue Psycho, una diminuta figura que representaba a un hindú sentado con las piernas cruzadas encima de una caja, la cual estaba sobre un pedestal de cristal transparente para demostrar que no había ningún tubo o alambre conectado al escenario y que jugaba a las cartas con tres personas de público y siempre ganaba.

Los dos hijos de Maskelyne, Nevil y Edwin Archibald, formaron parte de la compañía y consecuentemente los tres hijos de Nevil: Clive, Noel, y Jasper.

Después de finalizar el espectáculo Los Misterios de Maskelyne en 1933, Jasper inició una gira por locales de *music-hall* de Inglaterra, con un pequeño espectáculo. Sirvió como Mayor en la armada Británica durante la Segunda Guerra Mundial y su talento mágico sirvió para la Sección de Camuflaje Experimental.

El artista aclamado como el más grande ilusionista británico fue David Devant (1868-1941), un artista con un gran encanto personal que inventó un gran número de efectos mágicos. Fue también un gran especialista de las sombras realizadas con las manos. Ya había actuado en algunos espectáculos cuando Maskelyne lo contrató en 1893.

La eminencia de Devant fue reconocida cuando en 1912 fue el único ilusionista incluido en la larga lista de actuantes para la primera Royal Command Performance en el Palace Theatre de Londres. Uno de los números más famosos que presentaba era: Un Muchacho, una Chica y algunos huevos, en el cual una gran cantidad de huevos que aparecían dentro un sombrero vacío y se iban entregando al muchacho. La gran dificultad para sostener tal cantidad de huevos, sin que cayeran ni se rompieran, provocaba una situación muy cómica y llena de misterio.

Cuando estaba en la cima de su popularidad, una parálisis progresiva le obligó a retirarse en 1920, muriendo a la edad de setenta y tres años.

Cartas y monedas

El siglo XX empezó con la aparición de números jóvenes magos que presentaban sus espectáculos en los teatros de variedades de todo el mundo. En los *music-hall* de Londres resonaban los aplausos para excelentes magos, muchos de ellos americanos. El público pudo apreciar las maravillosas manipulaciones de T. Nelson Downs de Iowa que actuaba con el sobrenombre de El Rey de las Monedas y Howard Thruston de Ohio, El Rey de las Cartas.

Horace Goldin, dejaba al público sin respiración cuando presentaba su torbellino mágico y el famoso número de la mujer partida en dos, del cual se atribuía el haberlo inventado.

Los espectadores tuvieron la oportunidad de aplaudir a Chung Ling Soo (el nombre artístico de William Ellsworth Robinson de New York) que actuaba bajo una estética oriental.

Jean-Henri Servais Leroy (Spa, 1865 – Keansburg, 1953). Ilusionista belga, inventor de números de gran impacto, como Asrah, donde hipnotizaba a una mujer, la ponía sobre una mesa, la cubría con una sábana y la figura se elevaba y flotaba por el aire. Al final el ilusionista retiraba la sábana y la mujer había desaparecido.

Harry Houdini (pseudónimo de Erik Weisz, Budapest, 1874 – Detroit, 1926). Empezó a trabajar como ilusionista, para después dedicarse al escapismo. «Mi secreto es vencer el miedo, tener la cabeza clara y trabajar a la velocidad del rayo.» Así se explicaba este artista, sin duda la figura más emblemática del escapismo, un hombre capaz de evadirse de una celda de alta seguridad, donde lo habían encerrado desnudo y pocos minutos después aparecer elegantemente vestido en el despacho de director. Después de la muerte de su madre, contactó con médiums y espiritistas para conseguir hablar con ella y cuando descubrió que lo que hacían era falso, los persiguió implacablemente para desenmascararlos.

Harry Blackstone (pseudónimo de Henry Boughton, Chicago, 1885 – Hollywood, 1965). Magia espectacular presentada con elegancia, *glamour* y con un afinado sentido del humor. Era un gran *showman*, salía a escena y los guantes blancos que llevaba se le transformaban en dos palomas.

Okito (pseudónimo de Theo Bamberg, Holanda, 1875 – 1963). Miembro de una gran dinastía de magos iniciada por el holandés Eliaser Bamberg (1760-1833), actuaba por todo el mundo con su personaje de inspiración china.

Retirado en Chicago, construye algunos de los juegos más bonitos de los tiempos modernos, entre ellos la bola Okito que flota y evoluciona sola por el aire y el papel Okito que repetidamente roto se recompone con un soplo.

Fu-Manchu (pseudónimo de David Bamberg, Gran Bretaña, 1904 – Buenos Aires 1974). Al igual que su padre Okito comienza a actuar muy joven. Hace giras por EE. UU., Europa Central, América del Sur. Rueda varias películas en México y se establece en Buenos Aires donde en 1947 presenta el emblemático espectáculo Craizimagicana.

Kalanag (pseudónimo de Helmut Ewald Schreiber (Alemania, 1903 – 1963). Productor de cine durante la Segunda Guerra Mundial se hace ilusionista y se convierte en uno de los artistas favoritos del III Reich. Realiza giras por Europa, África y el continente americano. Presumía de hacer el juego de manos más caro del mundo: la desaparición de un coche en medio del escenario.

David Copperfield (pseudónimo de David Kot-kin, Metuchen, Nova Jersey, 1956). El mago más divulgado del siglo XX gracias al *marketing* y a la televisión. Adapta la espectacularidad tradicional del ilusionismo americano a la estética y gusto actual. Vuela por el escenario, se fuga de la prisión de Alcatraz, hace desaparecer un avión de 70 toneladas o la Estatua de la Libertad. Su museo sobre el ilusionismo es el más completo del mundo.

2

CREAR UNA SESIÓN DE MAGIA

Crear una sesión de magia es lo mismo que crear un montaje teatral. La introducción, el nudo y el desenlace tienen que ser diseñados para conseguir la atención del público desde el principio y mantenerla hasta el final. Para conseguir esto introduzca misterio, suspense, comedia, sorpresas en su presentación, de manera que pueda interesar a todo tipo de público.

La persona que compra unos juegos de manos, los aprende en un libro o se los construye en casa y los presenta en cualquier orden, sin ritmo ni razón, es como un actor que sube a un escenario con palabras, gestos, vestuario, pero sin actuar.

Muchos de los juegos pueden ser presentados de infinitas formas, al igual que un compositor puede combinar las notas para crear una melodía y que esta, junto con otras se convierta en una composición musical.

Busque la forma de hacer un juego de manos de la manera que se encuentre más cómodo, esto le permitirá actuar de una forma natural y por tanto llegar con más facilidad al público.

Aspectos importantes. Visión de conjunto.

La magia la podemos dividir en dos conceptos:

❱ La presentación.

❱ La técnica

La presentación

Los magos son fundamentalmente artistas y para ser un artista con éxito se ha de satisfacer al público.

El mago es algo parecido a un espejo en el escenario que refleja de nuevo al público las cosas que quieren ver y escuchar.

El estilo y la forma de presentar los juegos son tan importantes como la magia y el truco en sí: «lo importante no es lo que se hace, sino como se hace».

Esta es la premisa en la que se debe basar un juego, el público solo percibe el efecto sin saber la técnica que se emplea, de ahí que los efectos más difíciles a veces no causan el impacto de otros mucho más fáciles, todo se debe a la presentación

Para ello destacaremos dos apartados.

❱ El actor.

❱ El argumento.

El actor

Como definición podemos utilizar que «un mago es un actor que interpreta el papel de un ilusionista».

Por tanto la creación del personaje es fundamental para dar coherencia a la creación de la atmosfera, el ritmo y la personalidad.

Encuentre una forma de actuar que le sea cómoda, «elija su personaje», que le permita transmitir con naturalidad sus argumentos.

El argumento

Debe ir ligado a la estructura del juego en relación a las técnicas que empleará, a la estructura de la sesión y a la coherencia de los juegos.

Crea en lo que estás haciendo.

El mago debe hacer que lo que hace parezca verdad y él también debe creerlo que está pasando.

Si una moneda se simula ponerla en la mano izquierda pero realmente se retiene en la mano derecha, el artista debe imaginarse que está en la mano izquierda.

Al principio puede resultar un poco difícil, pero si usted no cree realmente que la moneda está en la mano izquierda, difícilmente el público lo creerá.

La técnica

Es lo que permite que se realice el «milagro», destacamos dos aspectos:

▶ El mago.

▶ El método.

El mago

El mago debe demostrar su destreza de forma natural, sin que se vea que es un virtuoso, el púbico dará más valor a un juego si ve que el mago no tiene una gran habilidad.

Si por ejemplo, antes de empezar un juego, empezamos a mezclar las cartas con una sola mano, el público pensará que con esta habilidad todo lo puede hacer perdiendo impacto el efecto «así cualquiera».

El método

Es la técnica que utilizamos para conseguir el efecto. Debe estar bien estudiada y aplicarla de la forma más adecuada en cada momento.

Pensemos que para conseguir un mismo efecto se pueden utilizar técnicas diferentes, hay que escoger bien la que más se adapte al ritmo y a la situación para tener una coherencia en la presentación.

Escala de valores

El arte busca transmitir sensaciones, bien sea a través de la imagen, el texto, la palabra.

La magia es el arte de ilusionar a un público, enfrentándolo a un efecto aparentemente inexplicable por la sola razón.

Este efecto tiene tres niveles:

▶ Truco.

▶ Ilusión.

▶ Misterio.

El truco

Por sí solo no tiene ningún impacto en el público, es una cosa curiosa que alguna persona inventó.

Ilusión

Es cuando el truco se convierte en diversión. El público disfruta de una cosa que aparentemente transgrede las normas habituales.

Misterio

Es cuando la ilusión provoca un impacto emocional y el público se ve arrastrado por la personalidad del mago y la ilusión se convierte en emoción creando arte.

Para explicar, estos tres niveles, de una forma práctica vamos a tomar por ejemplo unos de los juegos que más adelante encontrará.

Desaparición de una moneda con un pañuelo

El efecto es que una moneda envuelta en un pañuelo, desparece.

En el nivel "truco" seria como si usted enseñase una moneda la envuelve con un pañuelo, lo despliega y la moneda ha desaparecido.

En el nivel "ilusión" seria si usted empieza a hablar de la desintegración molecular y dice que realmente existe y que va a hacer una demostración.

En el nivel "misterio" seria si dice que algunas personas tiene el poder de desintegrar la materia, envuelve la moneda y pide a un espectador que la sujete a través del pañuelo que se concentre y que piense que con la fuerza de su mano la puede desintegrar, cuando lo haya hecho despliega el pañuelo y la moneda no está.

Imaginación

Un mismo juego puede presentarse de varias maneras, sea imaginativo y busque una forma de presentación que se adapte a su personalidad, situación y al tipo público al que va dirigido el juego.

Cuando Aladino froto su lámpara pasaron cosas. Este es el rol del mago: hacer que sucedan cosas y que sucedan de una forma inesperada.

El público quiere ver fenómenos y milagros y busca la varita mágica para conseguirlo.

La gente va al cine o al teatro porque quieren entretenerse y así evadirse de la rutina cotidiana con todos sus problemas.

Artistas, escritores productores y actores se esfuerzan para atraer al público, en las pantallas o el teatro. Detrás de un telón de un escenario es todo muy diferente a lo que hay delante.

Reímos o gritamos según la situación que se produce, nos sentimos felices cuando los enamorados de abrazan. Los decorados simulan el castillo del rey, una habitación un jardín. Nosotros queremos creer.

Control del tiempo (timing)

El control del tiempo es muy importante para el mago para controlar al público. Hace que las cosas encajen mejor para sorprender a la audiencia.

Hay grandes y costosos espectáculos con un pobre resultado y otros con un solo artista que tienen un gran éxito, muchas veces esto es debido al ritmo.

El *timing* se aplica en dos grandes áreas: La presentación y la técnica.

Los atributos principales de un actor son el ritmo y las pausas en una presentación.

Todo actor sabe que en ello reside su arte y la forma de comunicar con el público controlando la amenidad, la emoción, la risa, la ansiedad es decir el interés dramático. Las pausas sirven para el control de la atención, enfatizando las palabras y acentuar la tensión cuando se acerca el final. No se olvide de ellas con la intensidad del momento.

La cadencia forma parte de la técnica. Es un conjunto de acciones que nos proporcionan la debida cobertura de un determinado acto o preparación que debe permanecer en secreto.

Si precisamos realizar una acción que debe pasar desapercibida por el público y esta requiere una cierta lentitud, debemos presentar el juego desde el principio, con el tempo adecuado para que la acción sea fluida y sin tropiezos.

Cada juego requiere un *timing* distinto dependiendo de la presentación y de las acciones que deben realizarse.

La misdirection

Dirigir la mirada del público es lo que se denomina *misdirection* y tiene una gran importancia en la magia.

El público sigue sus ojos, usted lleva escondida una moneda en su mano izquierda, la sostiene de una forma natural y mira al público. Usa su mano derecha para dar pequeños golpes sobre la mesa, el público dirigirá su mirada sobre la mano derecha y no se fijará en la mano izquierda que es la que tiene la moneda.

Esto es muy importante ya que una mirada equivocada puede conducir a algún espectador a seguir su mirada y sospechar que tiene algo escondido en la mano.

Trate de hacer este experimento para comprobar si el público sigue su mirada.

Pretenda lanzar una moneda al aire y fíjese en un punto imaginario donde la moneda llegará, pero cuando haga la acción, retenga la moneda en su mano, la mirada del público irá hacia arriba justo en el punto que usted había fijado.

Casi todos los efectos utilizan algún elemento de *misdirection*. Cuando realice un juego nunca mire la parte opuesta donde se realiza el efecto, si usted mira su mano el público mirará su mano.

Tenga presente que el público no suele mantener su atención sobre una cosa más que unos pocos segundos. Su objetivo en redirigir la atención del espectador hasta que a usted le interese.

Haga este pequeño ejercicio, póngase delante de un espejo y mírese a sí mismo, tome una moneda en su mano izquierda. Va a hacer el efecto de poner la moneda en su mano derecha, haga el pase unas cuantas veces, comprobará que su mirada va de la mano izquierda a la derecha. Después de haberlo hecho varias veces, retenga la moneda en la mano izquierda y simule ponerla en la mano derecha, cerrando los dedos, como si tuviese la moneda, el público dirigirá su mirada hacia esta mano y no se fijará en la otra.

Recomendaciones

No diga nunca por anticipado lo que va a hacer.

El público, cuando ve un juego de manos, inconscientemente busca el «¿cómo lo hace?», es decir, el truco. Si anunciamos lo que va a suceder eliminamos el factor sorpresa y por tanto le damos pistas para descubrir el cómo lo hacemos. Es como si en una película antes de empezar explicásemos el final.

***

Nunca divulgue el secreto, el truco: es la razón de existir de este arte, sin esto se convierte en una cosa «curiosa», que pierde todo el misterio y la intriga.

Si le preguntan con insistencia cómo es el truco, responda con evasivas o bien diga que es «un secreto profesional».

El público inteligente ya sabe que detrás de cada juego hay un truco, que es lo que hace posible que la magia se convierta en un arte para sorprender y hacer que el público se lo pase bien.

***

Nunca repita un mismo juego ni presente varios juegos basados en una misma técnica en una misma sesión: esto hace desaparecer el factor sorpresa y permite a los espectadores descubrir el truco.

***

Cuando presente un juego de manos, ha de tener la seguridad de que saldrá bien. Ensáyelo tantas veces como sea necesario hasta tener la certeza de que funcionará bien y tendrá en el público el impacto que usted desea.

Una buena forma de ensayar es realizar el juego delante de un espejo, o si lo prefiere lo puede filmar, después verlo y así analizar los movimientos y las técnicas empleadas.

* * *

Sea usted mismo, no sea un imitador. En todo el mundo no hay una persona como usted. Nadie puede mirar con sus ojos y oír con sus oídos.

Muchas veces, cuando vemos a un mago caemos en la tentación de imitarlo pero sus gestos, forma de presentar o de hablar no se adaptan a nuestra personalidad y quedan completamente fuera de lugar.

Cada individuo tiene sus características que le dan la personalidad. Mire de potenciar aquellas que mejor se adaptan a la forma de actuar que ha elegido, de esta manera logrará que el público le perciba de una forma natural.

* * *

Trate de que todos los gestos y movimientos que haga en la presentación de un juego de manos transmitan al público su personalidad.

A veces de tanto ensayar damos por hecho que lo que hacemos es natural y muchas veces no es así. Pregúntese siempre: ¿Cómo va a ver esto el público? ¿Cómo lo va a percibir?

* * *

3

LOS JUEGOS CON MONEDAS

La desaparición de una moneda

Efecto

• El mago pide prestada una moneda, la envuelve en un pedazo de papel y se lo entrega a un espectador. Cuando este lo abre la moneda ha desaparecido.

Material necesario:

❒ Una moneda prestada.

❒ Un pedazo de papel.

Realización

• Tome un pedazo de papel cuadrado de unos doce centímetros de lado, puede ser un papel de periódico o de cualquier otra clase.

Las acciones siguientes son:

• Coloque la moneda en el centro del papel (fig. 1). Doble hacia arriba el lado inferior del papel hasta unos dos centímetros de la parte superior (fig. 2).

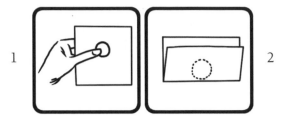

* Doble la parte derecha del papel hacia atrás (fig. 3).

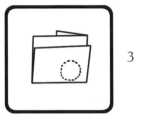

* Doble la parte izquierda del papel hacia atrás (fig. 4).

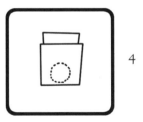

* Doble la parte superior, de dos centímetros, hacia atrás. Todo parece indicar que la moneda está envuelta en el papel pero realmente está en la parte trasera que tiene una abertura por la parte superior (fig. 5) vista por detrás y (fig. 6) vista por delante.

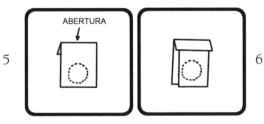

• Gire el papel para que la obertura quede hacia abajo y sujétela con la mano derecha (fig. 7).

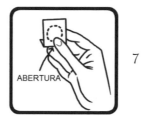

• Diga a un espectador que palpe a través del papel que la moneda está dentro, relaje la presión de sus dedos y la moneda caerá en la palma de su mano.

• Entregue el papel al espectador y le pide que lo rompa, comprobando que la moneda ha desaparecido.

• Si lo desea puede hacer aparecer la moneda de dentro del bolsillo de un espectador, poniendo su mano dentro ya que lleva la moneda escondida.

La desaparición de una moneda con pañuelo

Efecto

• El mago pide prestada una moneda a un espectador y la hace marcar para una posterior comprobación. El mago coloca la moneda debajo de un pañuelo, entregándola a un espectador para que la sujete. En estas condiciones y aunque el espectador pueda notar la moneda a través del pañuelo, viendo incluso su forma, el mago hace que la moneda marcada desaparezca de la punta de los dedos del espectador.

Preparación

• Necesita un pañuelo de bolsillo. Deposite el pañuelo plano sobre la mesa. Coloque una moneda del mismo tamaño de la que después va a pedir prestada en la esquina inferior derecha del pañuelo (fig. 1)

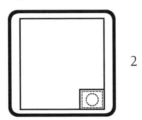

• Cubra ahora la moneda con un pequeño cuadrado de tela, un pedazo recortado de otro pañuelo igual.

• Cosa los cuatro lados del cuadrado al pañuelo.

• La moneda quedará oculta dentro del pequeño bolsillo que ha cosido en la esquina del pañuelo (fig. 2).

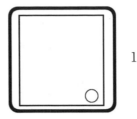

• Coloque el pañuelo preparado dentro de su bolsillo o encima de la mesa.

Realización

• Pida prestada una moneda a un espectador, que debe coincidir con la moneda que está oculta en el pañuelo. Haga que el espectador marque la moneda y que permanezca a su izquierda, ahora saque el pañuelo.

• Sujete la moneda prestada entre su pulgar izquierdo e índice, con sus dedos y pulgar apuntando hacia arriba, mostrando un lado de la moneda a los espectadores.

• Con su mano derecha cubra la moneda y toda la mano izquierda con el pañuelo trucado. La esquina con el bolsillo oculto debe quedar en el lado que cae hacia usted (fig. 3).

• Coja la moneda oculta entre su pulgar derecho y el resto de los dedos y con su mano derecha levante la esquina con la moneda duplicada por debajo del pañuelo, colocándola al lado de la moneda prestada (fig. 4).

• En este punto sustituya la moneda oculta por la moneda marcada, llevando la moneda marcada a la base de sus dedos de su mano izquierda, manteniéndolos un poco curvados para ocultar la moneda.

• Saque su mano izquierda llevándose la moneda, marcada, oculta en la base de los dedos (fig. 5).

• Tome ahora la moneda secreta, a través de la tela del pañuelo, con su mano izquierda, ligeramente cerrada para ocultar la moneda marcada. Saque su mano derecha de debajo el pañuelo, mientras sujeta la moneda entre el pulgar y el resto de los dedos de la mano izquierda (fig. 6).

6

• Después, con su mano derecha retuerza la tela bajo la moneda, procure que no se vea la moneda que lleva oculta en esta mano.

• Coja con la mano derecha el pañuelo por debajo de la moneda, ofreciendo la moneda cubierta por la tela al espectador para que la sujete.

• Actúe de forma natural, piense que la atención del público está en la moneda duplicada que está cubierta con el pañuelo. Pida al espectador que sujete su moneda a través de la tela del pañuelo, mientras usted deja caer la moneda dentro de su bolsillo o la mantiene oculta en su mano para después hacerla aparecer dentro de la americana del espectador (fig. 7).

7

• Pregunte al espectador si puede notar la moneda a través del pañuelo (fig. 8).

8

• Coja el pañuelo por una esquina y lo sacude de forma que el espectador suelte la moneda y parecerá que haya desaparecido de la punta de los dedos del espectador (fig. 9).

9

• Muestre el pañuelo vacío y se lo pone dentro del bolsillo.

• Ponga la mano, con la moneda marcada oculta, dentro de la americana del espectador y sáquela para que comprueben la marca.

Billetes enrollados

Efecto

• El mago deja dos billetes encima de la mesa uno de cinco euros y otro de diez euros, formando una V. Estando uno de ellos cara arriba muestra que el billete de cinco euros está encima del de diez euros.

• El mago empieza a enrollar los dos billetes juntos, empezando por el vértice de la V.

• Mientras enrolla los billetes el mago pide a un espectador que coloque uno de sus dedos sobre la esquina del billete de cinco euros y otro en la esquina del de diez euros. El espectador tiene ahora los dos billetes sujetos en la mesa.

• Pero cuando el mago desenrolla los billetes el de diez euros está encima y el de cinco euros está debajo, aunque el espectador sigue con sus dedos sujetando las esquinas de los billetes.

Realización

• Deje los billetes encima de la mesa, el de cinco euros encima del de diez (fig. 1). El de cinco euros está ligeramente más adelantado, en dirección al espectador, que el de diez. La ilustración está realizada desde la perspectiva del mago.

1

• Con los dedos índices de ambas manos comience a enrollar juntos los dos billetes, comenzando por el vértice de la V (fig. 2). Mira ahora la ilustración vista desde la perspectiva del espectador.

2

• Siga enrollando los billetes hasta que solo se vea un poco la esquina del de diez euros, párese en este punto (fig. 3).

3

• Como ha colocado el billete de cinco euros algo más adelantado, su esquina se ve algo más.

• Mientras continua enrollando los billetes hacia delante, abra los dedos de su mano izquierda sobre la esquina del billete de diez. En apariencia sujeta los billetes a medida que los va enrollando, pero realmente está ocultando la esquina del de diez euros de la vista del espectador (fig. 4).

4

• Al mismo tiempo señale con su mano derecha la esquina del billete de cinco.

• Pida al espectador que coloque su dedo izquierdo sobre esta esquina manteniéndola sujeta.

• Mientras lo hace coloque su dedo derecho en el centro de los billetes enrollados haciéndolos rodar ligeramente hacia delante.

• La esquina del billete de diez que está oculta por sus dedos izquierdos se dará la vuelta. Es decir la esquina pasará por debajo del rollo, dándose la vuelta por arriba y quedando en la misma posición sobre la mesa. Esto debe pasar desapercibido para los espectadores, quedando oculto por su mano izquierda (fig. 5)

5

• En la figura 6 se muestra la acción, vista de lado y cómo los dedos izquierdos cubren el volteo secreto de la esquina del billete de diez.

6

• Sujetando el rollo de billetes con su dedo derecho, levante la mano izquierda y señale la esquina del de diez (fig. 7).

7

• Pida a un espectador que coloque un dedo derecho sobre la esquina del billete de diez (fig. 8). Haga notar que está sujetando sobre la mesa las esquinas de ambos billetes.

8

• Todo lo que queda por hacer es desenrollar los billetes (fig. 9). Como resultado del volteo secreto de la esquina del billete de diez, la posición de los billetes estará invertida con el billete de diez euros encima del billete de cinco euros.

9

La moneda a través del pañuelo

Efecto

• El mago muestra una moneda en la punta de los dedos. Cubre la moneda con un pañuelo y la moneda atraviesa la tela sin romper el pañuelo.

Realización

• Muestre la moneda sujeta en la punta de sus dedos de su mano derecha, pida prestado un pañuelo o bien utilice el suyo (fig. 1).

1

• Con su mano izquierda cubra la moneda y la mano, la moneda debe quedar en medio del pañuelo (fig. 2).

2

• La mano izquierda coloca bien el pañuelo sobre la moneda, al mismo tiempo y por debajo del pañuelo, levante con su dedo pulgar un pequeño trozo de tela y pliéguelo detrás de la moneda (fig. 3).

3

• Saque su mano izquierda dejando un trozo de pañuelo pellizcado detrás de la moneda (fig. 4).

4

• Tome con su mano izquierda la parte frontal del pañuelo y llévela hacia atrás descubriendo completamente la moneda, esto permite que los espectadores aún puedan ver la moneda (fig. 5).

5

• Con su mano izquierda tome ambos lados del pañuelo y levántelos para cubrir la moneda (fig. 6).

6

• Para el público parece que ha levantado el pañuelo para enseñar la moneda y luego la ha vuelto a cubrir (fig. 7).

7

• Este movimiento le permite ahora sujetar la moneda por la parte de atrás y por fuera del pañuelo (fig. 8).

8

• Con la mano izquierda tome la moneda con el doble pliegue del pañuelo (fig. 9).

9

• Con la mano derecha retuerza la parte inferior del pañuelo sobre la moneda (fig. 10).

10

• A medida que retuerce el pañuelo la forma de la moneda quedará más definida debajo del pañuelo (fig. 11).

11

• Lentamente empuje la moneda hacia afuera del pañuelo y con su mano izquierda la ayuda a salir, pareciendo que la moneda ha atravesado el pañuelo (fig. 12).

12

• Después puede dejar examinar el pañuelo y la moneda.

Papel moneda indestructible

Efecto

• El mago pide prestado un billete de 10 € y lo coloca visiblemente dentro de un sobre y con un lápiz lo atraviesa.

• Aún estando atravesado el sobre por el lápiz, lo abre y saca intacto el billete.

Preparación

• Tome un sobre rectangular con la abertura en un extremo, donde pueda caber de forma ajustada el billete.

• En la parte trasera del sobre, con un cúter, realice un corte horizontal, tenga precaución de solo cortar una de las dos caras del sobre, para ello utilice un pedazo de cartulina que introducirá dentro del sobre antes de hacer el corte (fig. 1).

• A unos dos centímetros por debajo del corte, haga otro corte en forma de cruz por delante y detrás del sobre.

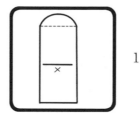

1

Realización

• Coja el sobre de forma que el corte horizontal quede en la parte posterior, pida prestado un billete de 10 €.

• Abra el sobre y ponga el billete en su interior y tal como lo va introduciendo, haga que el extremo inferior del billete salga por el corte horizontal que tiene el sobre (como se ve en el dibujo) (fig. 2).

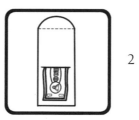

2

• Sujete el sobre en posición horizontal con una mano en cada extremo, con el pretexto de demostrar que el sobre es sólido, junte y separe las manos haciendo que el sobre se doble y despliegue.

• En uno de estos movimientos la mano derecha toma la parte del billete que sale a través del corte y lo lleva junto con el sobre a la mano derecha, quedando el billete plegado y sostenido por la mano derecha (fig. 3).

3

• Tome un lápiz y introdúzcalo a través del agujero en X, mueva el lápiz adelante y atrás para demostrar que realmente ha atravesado el sobre (fig. 4).

4

• Sin sacar el lápiz, abra el sobre, coja el billete al mismo tiempo que la mano derecha lo suelta y lo saca lentamente demostrando que está intacto.

4

LOS JUEGOS CON CARTAS

Como las elija usted

Efecto y realización

• Vamos a detallar el efecto a la vez que explicamos el secreto, ya que al tratarse de un juego automático, no hay ninguna maniobra oculta.

• El mago cuenta que en uno de sus viajes a China, se encontró con un viejo que le presentó un juego. Mientras dice esto, toma cinco cartas cualesquiera de una baraja y las entrega a un espectador para que las mezcle.

• Una vez haya hecho esto le pide que se las entregue y dice que el anciano las rompió por la mitad y las colocó en el suelo. Haga estas acciones y al colocar las dos mitades de las cartas encima de la mesa, ponga una boca arriba y otra boca abajo.

• El mago le pregunto qué debería hacer entonces y el anciano escribió en un papel la palabra MAGIA, y que debería ir pasando tantas cartas, de arriba a abajo de uno de los montones, como letras tiene la palabra Magia.

• Pida al espectador que le indique qué montón quiere que utilice, una vez lo haya hecho, tome el montón y vaya pasando una a una tantas cartas de arriba abajo como letras tiene la palabra magia.

• Una vez lo haya hecho deje el montón de cartas encima de la mesa.

• Menciona que le preguntó al anciano qué debía hacer en aquel momento y que él escribió en un papel: COMO LAS ELIJA USTED.

• Comience por la palabra COMO y empiece a pasar cartas de arriba abajo, del montón que el espectador le va indicando.

• Pida al espectador que por cada letra le indique por cual montón quiere que la pase. Una vez finalizada la palabra ponga aparte en la esquina A, juntas, las dos mitades de cada carta, que han quedado encima de los montones (fig. 1).

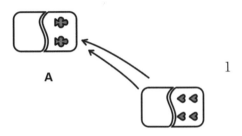

• Luego prosiga de la misma manera con la palabra LAS y cuando acabe el deletreo separe las dos medias cartas superiores de cada montón y las coloca en la posición B (fig. 2).

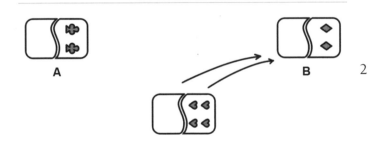

• Repita la operación con la palabra E-L-I-J-A, haga siempre que el espectador le indique por qué montón quiere que tome las cartas. (fig. 3)

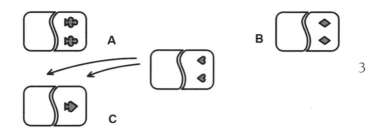

3

• Repita la misma operación con la palabra U-S-T-E-D (fig. 4).

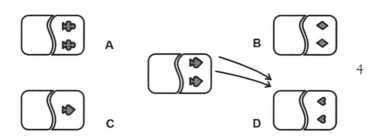

4

• Cuando vaya a dejar la última media carta, dependiendo de qué montón elijan, deje las dos mitades cara hacia abajo (fig. 5)

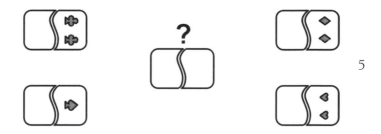

5

• Después diga que a veces se dan coincidencias, gire las dos mitades del centro y se verá que corresponden a una misma carta.

• Después diga que hay coincidencias completas, vaya girando las medias cartas que están boca abajo y se verá que coinciden todas las cartas.

• Al final no olvide de llevarse el papel donde se ha escrito la frase para que los espectadores no puedan recordar las palabras exactas.

Deletreo mágico

Efecto

• Un espectador saca diez cartas. Selecciona una y después de responder a un par de preguntas, encuentra su propia carta.

Realización

• Pida a un espectador que saque diez cartas cualesquiera de una baraja y que deje el resto de la baraja a un lado ya que no se van a utilizar.

• Pídale que reparta las cartas sobre la mesa, cara abajo, en dos montones de cinco cartas cada uno.

• Le pide que mire y recuerde la carta superior de un montón, el que quiera. Que deje la carta boca abajo sobre el mismo paquete y que ponga el otro paquete encima para perder la carta.

• Pídale que tome el paquete de cartas y lo sostenga en su mano izquierda.

• Le pide que deletree el valor de su carta, incluyendo el artículo, El/La, y que puede ser el verdadero u otro cualquiera, como siempre las cartas se reparten cara abajo. El espectador va sacando cartas una a una por cada letra y las deja en un montón cara abajo sobre la mesa.

• Gírese de espaldas para no ver lo que hace el espectador. Por ejemplo puede deletrear E-L-A-S, L-A-J-O-T-A, o E-L-R-E-Y, cuando termine tendrá un paquete de cartas enfrente de él.

• Le pide si ha dicho la verdad o una mentira y que piense SI o en NO (Verdad o mentira).

• Que deletree una de las dos palabras, SI/NO colocando dos cartas sobre el paquete de la mesa y luego que coloque el resto de las cartas encima, si le quedan.

• La carta seleccionada estará ahora en el quinto lugar desde arriba. Es automático.

• Le pide que tome el paquete con su mano izquierda y que ponga la carta superior debajo del paquete, la siguiente la deje en la mesa, la siguiente debajo del paquete, la siguiente sobre la mesa, así hasta que le quede en la mano una sola carta, será la elegida.

Descubrimiento automático de una carta

Uno de los más intrigantes efectos con cartas se da cuando el mago hace que una carta elegida aparezca cara arriba en una baraja con las cartas cara abajo. Este es uno de los métodos más básicos y efectivos para conseguirlo.

Efecto

• El mago da a elegir libremente una carta a un espectador y después de recordarla le pide que la coloque en medio de la baraja. Cuando se extiende la baraja la carta elegida aparece cara arriba en medio de la baraja.

Material necesario

❏ Una baraja de cartas

Realización

• El secreto reside en tener una carta girada, cara arriba, al final de la baraja que está con las cartas cara abajo.

• Esto puede estar preparado en la baraja cuando está dentro del estuche o puede hacerse de una forma rápida cuando el público deje de mirar sus manos (fig. A).

A

• Forma de girar rápido una carta: Sostenga la baraja, con las cartas caras arriba en su mano derecha. Con la ayuda del dedo pulgar de la mano izquierda deslice la primera carta sobre la palma de su mano izquierda, al mismo tiempo gire el paquete de cartas que tiene en su mano derecha y lo coloca sobre la carta que ha deslizado y que tiene en su mano izquierda, con lo cual le quedará una carta girada en el fondo de la baraja. Ahora ya está preparado para realizar el efecto (fig. B, C)).

B 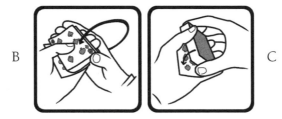 C

• Abra la baraja entre sus manos, teniendo precaución de que no se vea la carta girada que está en el fondo, para dar a elegir una carta a un espectador (fig. 1).

 1

• Tan pronto como la haya cogido cierre la baraja, pídale que recuerde la carta, y la enseñe al público en el momento que el espectador mira la carta y la enseña. Con el pretexto de no verlo gírese un poco de espaldas y gire la baraja que usted tiene en sus manos y déjela encima de la mesa. Cuando lo ha hecho, recoja la baraja de encima de la mesa, teniendo precaución de no descuadrar las cartas ya que se vería que la primera carta esta vuelta (fig. 2, 3 y 4).

2 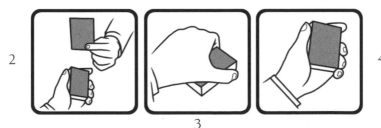 4

3

• Sujetando firmemente la baraja en su mano izquierda, pida al espectador que introduzca su carta cara hacia abajo en mitad de la baraja (fig. 5).

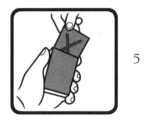

5

• Diga que solo una carta ha sido tocada por el espectador y que esto le ha conferido un poder especial sobre las otras cartas.

• Teniendo la baraja en la mano derecha, repita el movimiento de deslizar con la ayuda del pulgar izquierdo la primera carta de la baraja, es la carta que había girado, y dejarla en la palma de la mano izquierda al mismo tiempo que gira toda la baraja y la deja encima de esta carta y deposita la baraja sobre la mesa.

• Tome de nuevo la baraja y al abrirla se verá la carta elegida por el espectador cara hacia arriba.

• Otro sistema de hacer el juego, sin tener que girar la carta a la vista del público, es pedir al espectador que tome una carta y que la recuerde. El mago dice que se va a colocar la baraja a la espalda y que el espectador introducirá la carta en la baraja. Cuando el mago coloca la baraja detrás de la espalda, gira la carta que está debajo de la baraja. Gire todo el paquete de cartas con lo cual la carta girada quedará la primera. Gírese de espaldas para que el espectador introduzca la carta en la baraja, cuando lo haya hecho vuelva a situarse de cara a los espectadores y antes de sacar la baraja de la espalda gire la primera carta y de vuelta a toda la baraja.

Dos cartas elegidas

Efecto

• Un espectador, reparte boca abajo seis paquetes de cinco cartas cada uno, en una fila sobre la mesa.

• Otros dos espectadores toman del resto de la baraja una carta cada uno de ellos, las recuerdan y las colocan sobre dos paquetes cualesquiera de los que hay encima de la mesa.

• Se juntan todos los paquetes y el primer espectador encuentra las dos cartas de una forma mágica.

Realización

• Pídale a un espectador que mezcle la baraja y que reparta seis paquetes de cinco cartas, sobre la mesa (fig.1).

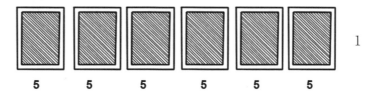

1

• Que dos espectadores tomen cada uno de ellos una carta del resto de la baraja, que las recuerden y las pongan encima de dos paquetes, diferentes, de los que hay en la mesa (fig. 2).

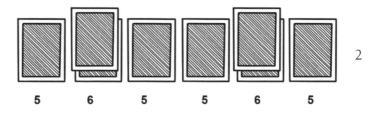

2

• Pida a los espectadores que reúnan los paquetes, colocando dos paquetes de cinco cartas, encima de cada paquete de seis cartas, los paquetes donde han puesto las cartas elegidas (fig. 3) y que luego junten los dos paquetes.

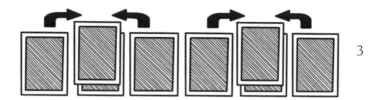

3

• Esta operación permite que las cartas elegidas queden en la posición 11 y 27 contando desde arriba de la baraja estando boca abajo.

• Pida a un espectador que separe las cartas en dos pilas, boca abajo, encima de la mesa, alternando la colocación de las cartas, a la derecha y a la izquierda, formando dos paquetes.

• Que retire la pila de la derecha y con la pila de la izquierda repita la operación, y que siempre descarte la pila de la derecha.

• Al final cuando le quedan solo dos cartas, estas serán las elegidas.

Forzar una carta

La técnica de forzar una carta, es la de dar a escoger una carta a un espectador y que elija la que nosotros queremos, aparentemente siendo una elección libre.

Esto posibilita muchos juegos ya que una vez elegida la carta, la cual conocemos, nos permite desvelarla de diferentes formas; hacer que la mezcle en la baraja y extendiéndola cara arriba pasar el dedo y detenerse encima de la carta. Tomar la mano del espectador, pedirle que piense en su carta y que mediante los impulsos nerviosos nos transmita la carta etc.

Hay muchos sistemas de forzar una carta, el que se describe a continuación es uno de los más ingeniosos y fáciles.

Efecto

• Después de barajar un paquete de cartas, el mago las sostiene cara hacia abajo en su mano izquierda.

• Con el pulgar izquierdo hojea las cartas, cara hacia abajo, por la esquina superior.

• Cuando el mago empieza a hojear la baraja, indica al espectador que le diga basta cuando quiera.

• Cuando lo ha hecho el mago coge con su mano derecha la parte superior del paquete. Entonces levantando esta parte, muestra la parte inferior del conjunto de cartas que tiene en este momento en la mano izquierda, para que el espectador tome la primera carta y la recuerde.

• Aparentemente es la libre elección de una carta, pero es una elección forzada gracias al hojeo de la baraja.

Material necesario

◻ Una baraja de cartas

Realización

• La carta que esta encima de la baraja es la carta que se va a forzar. Por tanto usted debe conocerla. Para ello mezcle las cartas y fíjese en la carta que va a quedar encima del paquete (fig. 1).

1

• Sosteniendo la baraja tal como se ve en el dibujo, el pulgar izquierdo está en un lado de la baraja, el dedo índice en la parte superior y los otros tres dedos, curvados, sobre la parte superior de la baraja.

• Para mayor claridad la carta que vamos a forzar la marcaremos con una X.

• Con el pulgar izquierdo doble hacia abajo la esquina superior del paquete (fig. 2).

2

• Relajando la presión de la punta del pulgar, permita que las cartas, como si fueran un muelle, vayan pasando hacia arriba.

• Cuando lo está haciendo diga al espectador que diga basta cuando quiera mientras pasan las cartas.

• Pida al espectador que tome la carta en el punto que ha indicado al decir basta.

• Despacio hojee las cartas. Cuando el espectador lo indica pare. Sin vacilación con su mano derecha coja el paquete superior, por debajo del punto que el espectador ha dicho basta, con su pulgar derecho en un lado y los demás dedos por el otro, como muestra el dibujo (fig. 3).

3

• Observe que los dedos de su mano izquierda están curvados sobre la primera carta, la que se va a forzar.

• Deslice esta paquete hacia arriba y al mismo tiempo haga una presión con los dedos de la mano izquierda sobre la primera carta X (fig. 4).

4

• Mantenga con sus dedos izquierdos, la primera carta X en su lugar, mientras la mano derecha se lleva por debajo el paquete superior (fig. 5).

5

• La mano derecha continua deslizando el paquete superior, hasta permitir que la primera carta X caiga sobre el paquete de la mano izquierda (fig. 6).

6

• Ofrezca el paquete de la mano izquierda al espectador para que tome la primera carta X, la carta forzada, y la recuerde (fig. 7).   ·

7

• Diga el nombre de la carta o hágala mezclar en la baraja y después la extiende y la saca.

Contar entre diez y veinte cartas y forzar una de ellas

Este es otro método de forzar una carta.

Efecto

• El mago pide a un espectador que diga un número entre el 10 y el 20. Cuando el espectador lo ha hecho coge la baraja y va contando encima de la mesa una a una el número de cartas que ha dicho, por ejemplo13 y la va colocando en un montón.

• Una vez lo ha hecho, dice que para que sea más al azar, sumará los dos dígitos del número que el espectador ha dicho, en este caso 1+3 igual a 4.

• Coja el montón de cartas que había hecho y cuente cuatro cartas, la cuarta carta se la da al espectador, en este momento el mago conoce que carta le ha dado.

Material necesario

☐ Una baraja de cartas

Preparación

• Este es un simple pero muy efectivo principio matemático, es automático.

• La única preparación es conocer la carta que ocupa el lugar diez, a partir de la parte superior de la baraja, en la ilustración se ha marcado con una X (fig. 1).

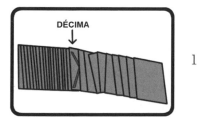

1

Realización

• Tome el paquete de cartas, cara abajo, con su mano izquierda. Pida a un espectador que diga un número entre 10 y 20. Supongamos que dice el 13.

• Cuente 13 cartas una a una cara hacia abajo en un montón sobre la mesa.

• Esto sitúa la carta que va a forzar en cuarta posición a partir de la parte superior del montón que ha hecho (fig. 2).

2

• Deje a un lado el resto de las cartas y tome el montón, diga que para que sea más al azar va a sumar los dígitos del número que el espectador ha dicho 1+3 igual 4 y cuente encima de la mesa cuatro cartas (fig. 3 y 4).

3   4

• Haciendo esto usted tiene este resultado: Cuando usted cuenta 13 cartas en un montón, lo que hace es cambiar el orden de las cartas de cómo estaban inicialmente. Ahora contando cuatro cartas una a una de este montón, invierte otra vez el orden.

• Este sistema funciona con cualquier número entre 10 y 20, no si le dicen el 10 o el 20, si es así diga que para hacerlo más complicado mejor no utilizar ni el primer ni último número.

• Retire las cartas que le han quedado en la mano izquierda y pida al espectador que coja la primera carta del montón. Usted ya la sabe (fig. 5).

5

Forzar una carta con un dado

Este sistema le permite forzar cualquier objeto de entre cuatro. Solo precisaremos de un dado.

Material necesario

☐ Una baraja.

☐ Un dado.

Realización

• Para una mejor comprensión vamos a decir que el objeto a forzar es un montón de cartas puestas en cuatro hileras.

• El montón de cartas que vamos a forzar debe estar en la tercera posición empezando por su izquierda. Los cuatro montones se han numerado de la A a la D. El montón a forzar es el C (fig. 1).

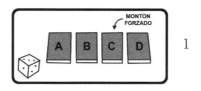

1

• Si desea forzar una carta esta debe ser la primera del montón C.

• Diga al espectador que tire el dado y que contaremos el número que salga a lo largo de la hilera para elegir un montón.

• Si el número que sale es el 2, empiece contando de la derecha hacia la izquierda, se parará en el montón C (fig. 2).

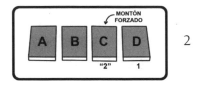

- Si el número es el 3, empiece a contar por la izquierda y se parará en el montón C (fig. 3).

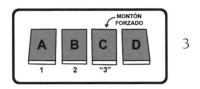

- Si el número es el 5, empiece a contar por la izquierda y cuando llegue al final de la hilera, continúe contando pera hacia atrás, de la derecha hacia la izquierda, se parara en el montón C (fig. 4).

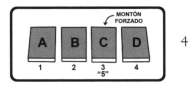

- No cuente el montón D como cinco, inmediatamente después de contar cuatro en el montón D vuelva atrás y cuente cinco en el montón C.

- Si el número es el 6, cuente de derecha a izquierda y vuelva hacia la derecha para finalizar la cuenta (fig. 5).

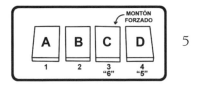

- Este truco no sirve si los número del dado son el 1 o el 4, pero si salen puede hacer un giro y decir que va a utilizar el número de la cara opuesta del dado que nadie conoce, entonces el número opuesto al 1 es el 6 y el opuesto al 4 es el 3.

La carta en la lengua

Este es un efecto muy sorprendente en el que se utiliza la técnica de la carta forzada.

Utilice el método descrito como Forzar una carta.

Efecto

• El mago da a elegir libremente una carta, pide al espectador que la recuerde y le entrega la baraja para que introduzca su carta y mezcle.

• El mago toma la baraja en su mano y dice que se concentrará para adivinar la carta, después de unos instantes el mago dice que está punto de decir la carta… y que la tiene en la punta de la lengua. Después de unos instantes el mago va sacando poco a poco su lengua y se ve que sobre ella hay, en miniatura, la misma carta de eligió el espectador.

Material necesario

❐ Una baraja de cartas normal.

❐ Una baraja de cartas miniatura (se encuentran con facilidad en las tiendas de venta de juegos).

❐ También puede imprimirla, en cartulina fotográfica, con su ordenador y después plastificarla.

Preparación

• Antes de empezar coloque en su bolsillo una carta en miniatura igual a la que va a forzar.

Realización

• Coloque encima de la baraja la carta a forzar, la misma que lleva dentro del bolsillo.

• Fuerce esta carta a un espectador y con la excusa de que la enseñe al público sin que el mago la vea, gírese de espaldas y aproveche para coger la carta miniatura del bolsillo y ponérsela en la boca.

• Cuando el espectador ha terminado de enseñar la carta, dese la vuelta, le entrega la baraja y le pide que pierda su carta.

• Cuando lo haya hecho tome la baraja y haciendo ver que se concentra, diga que está a punto de decir la carta que ha cogido el espectador.

• Al cabo de unos instantes dice que está a punto de decirla y que la tiene «en la punta de la lengua».

• Poco a poco saque su lengua, sobre la cual ya habrá colocado la carta miniatura y el público verá aparecer la misma carta, en versión miniatura, que la que eligió el espectador.

• Tome una pequeña bolsa de celofán transparente y la tira dentro para que el público pueda verla.

El mago nunca falla

Efecto

• Un espectador mezcla la baraja, se la entrega al mago y este mira las cartas cara arriba como si buscase una carta, las deja sobre la mesa y escribe una predicción en un papel y se lo entrega a otro espectador.

• El espectador selecciona una carta en función del mes en que nació, supongamos el 10 de picas. Se lee la predicción y pone 8 de picas, el público cree que el mago ha fallado.

• Pida al espectador que corte la baraja en dos paquetes uno se deja boca abajo sobre la mesa y el otro boca arriba al lado del primero.

• Las cartas superiores de cada paquete se van sacando y dejando sobre la mesa enfrente de cada uno de los paquetes.

• Se sigue así hasta que el 8 de picas aparece en el paquete boca arriba. Se gira la carta superior del paquete boca abajo resultando ser el 10 de picas.

Realización

• Una vez el espectador ha mezclado las cartas, extiéndalas, entre sus manos, cara hacia usted y simule buscar una carta y fíjese en la decimotercera carta desde la cara de la baraja, siguiendo el ejemplo del 8 de trébol, cuadre la baraja y la deja encima de la mesa.

• Escriba en un papel el nombre de la carta decimotercera (8 de trébol), pliéguelo y déselo a un espectador para que lo guarde sin mirarlo.

• Entregue la baraja boca abajo al espectador y le pide que saque de la parte superior tantas cartas como el mes que nació, si es julio siete cartas, si es noviembre once cartas. Mientras realiza esto usted puede girarse de espaldas paro no ver la cantidad de cartas que coge.

• Pida que le devuelvan la baraja y la mantiene boca abajo en su mano izquierda.

• Dígale que le enseñará cartas y que recuerde la que ocupa el número del mes en que nació.

• Tome la primera carta de la parte superior de la baraja, se la enseña y dice enero y la deja, boca abajo, encima de la mesa. Repítalo con la segunda y diga febrero y déjela encima de la que había en la mesa. Repita esto hasta llegar a doce cartas. Coloque el paquete de encima de la mesa sobre la baraja de cartas que tiene en la mano izquierda y pida al espectador que ponga sus cartas encima. La carta seleccionada quedará automáticamente en decimotercera posición desde arriba, indiferentemente del mes que se eligió.

• Pida que lean la predicción y todo el público creerá que ha fallado. Coloque la baraja boca abajo sobre la mesa y pida al espectador que corte más o menos por la mitad. Gire la mitad inferior cara arriba, al lado de la mitad superior que está boca abajo (fig. 1).

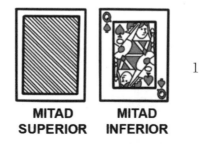

MITAD SUPERIOR   **MITAD INFERIOR**

1

• Con ambas manos simultáneamente saque las cartas superiores de cada paquete, colocándolas en frente de sus respectivos paquetes (fig. 2).

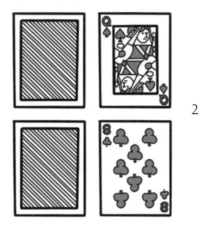

2

• Continúe así hasta que en el paquete de cartas cara arriba aparezca el 8 de trébol. Llame la atención de los espectadores sobre esta carta, su predicción.

• Pregunte por la carta seleccionada por el espectador, gire la primera carta del paquete que está boca abajo y coincidirá con la carta elegida.

El misterio de la doble X

Efecto

• Se pide la ayuda de dos espectadores y se colocan uno a cada lado del mago.

• Se da al espectador de la izquierda una baraja de cartas y un rotulador y se le pide que se coloque la baraja cara hacia arriba detrás de la espalda, seleccione una carta y que haga una cruz en la cara de la misma y que después mezcle.

• Cuando lo ha hecho se le pide la baraja y se entrega al espectador, que está a la derecha del mago y se le pide que haga la misma acción pero con las cartas caras hacia abajo.

• Una vez lo ha hecho se le pide la baraja y se entrega al espectador que está a la izquierda del mago y se le pide que busque la carta que tiene una X en su cara y que cuando la encuentre la guarde entre sus manos, después se da la baraja al espectador de la derecha y se le pide que busque la carta que lleva una X en el dorso, el espectador no la encuentra. Se pide al espectador de la izquierda que tiene la carta boca arriba entre sus manos que la gire y aparecerá una X marcada en el dorso. Los dos espectadores han elegido la misma carta.

Material necesario

❐ Una baraja de cartas.

❐ Un rotulador normal.

❐ Un rotulador que no escriba.

Realización

• El secreto de esta coincidencia es muy sencillo y efectivo, solo necesita que el rotulador que entregue a los espectadores no escriba.

• Para eso solo tiene que tomar un rotulador, abrirlo y dejar que se seque.

• Esto hace que el rotulador no escriba pero tenga la apariencia completamente normal.

• Para preparar el juego coja cualquier carta y marque con un rotulador, que funcione, una X en la cara y el dorso, las líneas de la X deben aparecer un poco irregulares, como si la marca hubiese sido hecha con la baraja detrás de la espalda.

• Esta carta la coloca por el centro de la baraja. Con los dos espectadores a su lado, entregue la baraja cara arriba al que está su izquierda. Pida al espectador que se coloque la baraja detrás de la espalda, que elija una carta y la coloque encima de la baraja.

• Cuando lo ha hecho dele el rotulador, que no escribe, y pídale que haga una marca en forma de X sobre la cara de la carta y que le devuelva el rotulador (fig. 1).

• Pídale que mezcle las cartas detrás de la espalda y que le devuelva la baraja.

1

• Cuando le devuelva la baraja, tenga cuidado que la última carta no sea la carta marcada por el dorso con una X, si fuese así, mezcle usted otra vez la baraja.

• Vuelva la baraja cara hacia abajo y entréguesela al espectador que está a su derecha.

• Pídale que haga lo mismo que hizo el otro espectador, que se coloque la baraja detrás de la espalda, que elija una carta, la ponga encima de la baraja y con el rotulador que usted le da que dibuje una X en el dorso de la carta y que después mezcle (fig. 2).

2

• Toma la baraja, guarde el rotulador, y entréguesela cara hacia arriba al espectador de la izquierda, pidiéndole que abra la baraja busque la carta que tiene una X en su cara y que la guarde entre sus manos (fig. 3).

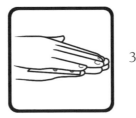

3

• Una vez lo haya hecho tome la baraja y se la entrega cara hacia abajo al espectador de su derecha y le pide que haga lo mismo.

• Después de buscar el espectador no encontrará ninguna carta con una X en el dorso.

• Diga que la única carta que no está en la baraja es la que el espectador de su izquierda guarda entre sus manos.

• Pídale al espectador que gire su carta y se verá una X en el dorso, diga que esto es una mágica coincidencia.

• Es una buena idea que al principio, cuando enseñe la baraja con las cartas caras arriba, la carta marcada con un X esté en el fondo de la baraja, teniendo precaución que cuando la extienda entre sus manos no se vea.

• Si lo desea puede llevar en su bolsillo un rotulador normal, igual al que no escribe y cuando el segundo espectador termina de marcar la carta y se lo entrega a usted, se lo pone en el bolsillo y al final cuando se encuentra la carta saca el rotulador normal. Firme la carta y entréguesela a un espectador como recuerdo.

El misterio de la doble X (con una baraja que se ha estado utilizando)

Este es un método con el que puede presentar el misterio de la doble X, con una baraja que ha estado utilizando para otros efectos.

Preparación

• Antes de empezar, coloque una carta con la marca de una X en la cara y el dorso, entre el cinturón y su espalda o bien sujeta con un clip y una aguja al cinturón. Ambas posibilidades quedarán cubiertas por su americana (fig. 1).

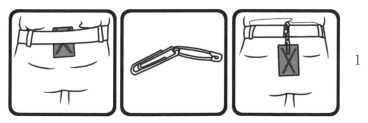

1

• Pida que un espectador mezcle las cartas y que se las entregue, con el pretexto de enseñarle lo que ha de hacer, colóquese la baraja detrás de la espalda, tome la carta marcada y póngala en la baraja (fig. 2). Ahora ya está preparado para realizar el juego.

2

El póquer del mago

Efecto

• El mago juega una partida de póquer con una espectadora y un espectador, con tres cartas para la jugadora y el jugador y dos para el mago, todo y con eso el mago gana.

Realización

• En la cara de un sobre abierto, escriba «VOY A GANAR YO LA APUESTA» (fig. 1).

VOY A GANAR YO LA APUESTA

1

• El sobre está sobre la mesa con la parte escrita hacia debajo y con la solapa abierta hacia arriba.

• Pida la colaboración de una espectadora y de un espectador.

• Tome una baraja y retire abiertamente ocho cartas de diferentes palos y las coloca en este orden J, 9, K, 2, J, 9, K, 2 (fig. 2). La J es la carta superior del paquete boca abajo y que está sobre la mesa.

2

- Pida que cada uno haga su apuesta, puede ser imaginaria y simule ponerlas dentro del sobre que está en la mesa, lo cierra y gira para que se vea lo que está escrito.

- Entregue las ocho cartas a la jugadora y le pide que corte varias veces y que complete el corte. Sujete el paquete de cartas boca abajo en su mano izquierda y diga que cada jugador se va a dar una jugada de póquer, de tres cartas, siguiendo lo que está escrito en el sobre.

- Para elegir las tres cartas se pasará de la parte superior a la inferior del paquete una carta por cada palabra. Se le entrega el paquete a la jugadora y se le pide que diga VOY A GANAR YO LA APUESTA y que vaya pasando una a una cartas por cada palabra, serán seis, y después se den las tres cartas que están ahora encima del paquete, cara abajo encima de la mesa.

- Entregue el paquete de cartas al jugador y le pide que haga lo mismo, que pase cartas de la parte superior a la inferior, por cada palabra VOY A GANAR YO LA APUESTA y que se den las tres cartas que están encima del paquete, cara abajo encima de la mesa.

- El jugador terminará con dos cartas en sus manos que entregará al mago.

- Cuando se levantan las cartas el mago tiene una pareja, el resto de los jugadores nada.

- Este es un juego matemático que siempre funciona debido al orden de las cartas.

El espectador es el mago

Efecto

• El mago elije una carta de la baraja y un espectador después de mezclar la baraja adivina la carta.

Realización

• Entregue una baraja a un espectador para que la mezcle y pídale que se la devuelva.

• Cuando lo ha hecho tome la baraja, la levanta cara hacia usted, con los dorsos hacia el público. Mientras pasa las cartas como para buscar una, se fija en el valor de la primera carta que ha quedado encima de la baraja y en el palo de la segunda carta de encima de la baraja, que será la que está después de la primera. Si por ejemplo la carta superior es el 2 de picas y la segunda carta el 7 de diamantes, deberá buscar el 2 de diamantes (valor de la primera carta y palo de la segunda). La busca y cuando la encuentra, la saca de la baraja y la deja cara abajo sobre la mesa.

• Le entrega la baraja al espectador y le dice que ahora tiene una baraja con cincuenta y una cartas. Pídale que diga un número entre el uno y el cincuenta y uno y que después tendrá que contar tantas cartas sobre la carta como el número elegido, esto hace que el espectador elija un número no muy grande.

• Pídale que vaya contando cartas de una en una, tantas como el número que eligió, y las vaya poniendo en un montón sobre la mesa.

• Una vez lo haya hecho le dice que como una carta tiene dos partes importantes, el valor y el palo, que tome el montón que hay sobre la mesa y que vaya poniendo cartas, una a una y de forma alternada en dos montones.

• Cuando lo haya hecho, fíjese en que montón pone la última carta, esta será la que le indique el valor y la última carta que haya colocado en el otro montón será la que indica el palo.

• Recapitule lo que se ha hecho; que el espectador ha mezclado las cartas, el mago ha elegido una, que el espectador ha contado tantas cartas como el número que ha elegido y que después las ha puesto en dos montones.

• Diga ahora que va a utilizar las dos cartas que por «azar», han quedado encima de cada montón, para que formen una sola carta.

• Levante la primera carta del montón donde el espectador haya colocado la última carta, será un 2 de picas. Diga que este es el valor, dos, levante luego la primera carta del otro montón y será el 7 de diamantes, diga que este será el palo diamantes con lo cual se ha formado una carta el 2 de diamantes.

• Pida que levanten la carta que usted había escogido y dejado caer encima de la mesa y se verá que es el 2 de diamantes.

> **Nota:** Si cuando le entregan la baraja para buscar una carta ve que las dos primeras cartas son del mismo valor o del mismo palo (situación en la que el juego no saldrá), entregue la baraja al espectador para que la corte y se la vuelva a entregar, si vuelve a suceder, diríjase a otro espectador diciendo que si no se fía que sea él el que corte la baraja, seguro que con dos veces basta. Si no fuese así, vaya pidiendo a otros espectadores que corten.

Fantástico cinco

Efecto

• Este es un claro y automático juego para descubrir una carta utilizando una baraja preparada de forma sencilla.

• El juego finaliza con un doble efecto que dejará atónitos a los espectadores.

• Una carta es elegida libremente por un espectador y devuelta encima de la baraja.

• La baraja se da a cortar. Se extiende la baraja sobre la mesa y se ve una carta cara arriba, es un cinco, usted dice que esta carta, el cinco, es su carta mágica.

• Empieza a contar cinco cartas por debajo, a partir de la carta, el cinco, que ha aparecido cara arriba, gire la quinta carta y se verá que es la carta elegida por el espectador. Pero esto no es todo, vuelva las cuatro cartas que hay entre la carta que está cara arriba y la carta elegida por el espectador. Son los cuatro ases.

Material necesario

☐ Una baraja de cartas.

Preparación

• Retire de la baraja los cuatro ases y cualquier cinco. Cuadre la baraja y coloque el cinco, cara arriba debajo de la baraja y coloque los cuatro ases cara abajo debajo del cinco.

Realización

• Extienda la baraja entre sus manos cara abajo para que el espectador pueda elegir una carta, tenga precaución de no abrir la parte inferior de la baraja ya que se vería la carta girada (fig. 1).

1

• Pida al espectador que recuerde su carta. Cuadre la baraja y déjela encima de la mesa (fig. 2).

2

• Pida al espectador que coloque la carta elegida encima de la baraja (fig. 3).

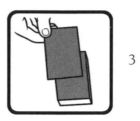

3

• Pida al espectador que corte la baraja (fig. 4).

• Y que complete el corte (fig. 5).

4   5

Nota: Sin conocerlo, el espectador al cortar la baraja, ha colocado los cuatro ases y el cinco, la carta que está cara arriba, encima de la carta elegida.

• Diga al público que algo mágico va a pasar. Extienda la baraja, cara abajo, sobre la mesa y se verá una carta girada, un cinco (fig. 6).

6

• Separe todas las cartas que hay a la derecha del cinco (fig. 7 y 8).

• Diga que esta carta que está cara hacia arriba es su carta mágica y que le ayuda a localizar la carta elegida por el espectador. Si la carta es un cinco se deben contar cinco cartas.

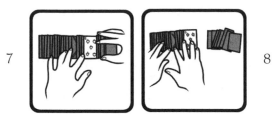

7   8

• Cuente cinco cartas hacia la izquierda a partir de la carta que esta cara hacia arriba y déjelas apartadas de la baraja (fig. 9).

9

• Gire la quinta carta y se verá que es la carta elegida por el espectador (fig. 10).

10

• El público da por terminado el juego. Pero diga que la magia puede ir más lejos, gire las otras cuatro cartas y se verán los cuatro ases (fig. 11).

11

La baraja invisible

Efecto

• Varios espectadores piensan una carta. Después de multiplicar el valor de sus cartas por diez y sumar algunos otros números, que dice el mago, el espectador dice el total.

• El mago de forma instantánea encuentra su carta, en una barja «invisible».

Realización

• Que cuatro o cinco espectadores piensen una carta cada uno. Que cada espectador multiplique el valor de su carta por diez. Diga que el valor de la J es 11, la reina 12 y el rey 13.

• Después de multiplicar el valor de la carta por diez, pida que a este resultado le sumen nueve.

• Por último pida que si su carta es de trébol le sumen uno. Si es de corazones sumen dos. Si es de picas sumen tres. Y si es de diamantes sumen cuatro.

• Pida a cada espectador su total.

• Cuando cada espectador le diga su total, réstele mentalmente nueve. El resultado le dará el nombre de su carta. Si el total tiene dos dígitos el primer dígito le dirá el valor de la carta y el segundo el palo. Si el total tiene tres dígitos, los dos primeros números le dirán el valor de la carta y el segundo dígito el palo.

• En cada caso si el último dígito es uno el palo será de tréboles, si es dos el palo será corazones, si es tres picas y si es cuatro diamantes.

Ejemplo:

• Si un espectador piensa el seis de picas; 6 x10 = 60 + 9 = 69 + 3 (al ser de picas) = 72.

• Si mentalmente resta 9 de 72 tendrá 63.

• El primer dígito le dice que la carta es un seis, el segundo dígito le dice que la carta es de picas.

• La presentación la puede hacer como si tuviese una baraja invisible entre sus manos, haga ver que da a elegir cartas y que los espectadores las devuelven a la baraja y mezclan, en fin puede poner toda la comicidad que usted quiera.

La carta que salta

Efecto

• Una carta es libremente elegida de una baraja de cartas mezclada y se devuelve a la baraja por el centro dejando la mitad de la carta sobresaliendo de la baraja.

• La baraja se coloca dentro del estuche dejando que sobresalga la mitad. Los dedos de la mano hacen que la baraja se sostenga mediante una presión.

• La carta elegida es empujada hacia abajo quedando en el mismo nivel que las cartas de la baraja.

• Dejando de hacer presión con los dedos la baraja cae dentro del estuche excepto la carta elegida que parece que salte de la baraja.

Material necesario y preparación

❏ Una baraja de cartas.

❏ Una carta especial por ejemplo el cuatro de trébol (fig. 1) en el que se ha practicado un corte desde el centro de la carta hasta el extremo. Por detrás de la carta con un lápiz se dibuja un punto (fig. 2) en una esquina de manera que cuando se abra en abanico, se pueda localizar.

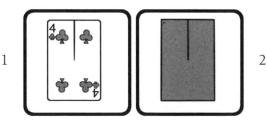

1   2

❏ El estuche de la baraja del cual se abran las dos pestañas laterales de la abertura.

❏ Retire de la baraja seis o siete cartas para permitir que pueda introducirse cómodamente dentro del estuche.

Realización

• Saque la baraja del estuche. La carta que tiene el corte debe estar situada la segunda por debajo. Ábrala entre sus manos y dé a elegir una carta, mientras el espectador la recuerda y la enseña al público, corte la baraja. Con ello, la carta que tiene el corte quedará más o menos por el centro.

• Abra la baraja en abanico, cara al público, y localice la carta que tiene el corte, buscando el punto que está dibujado en la esquina izquierda trasera de la carta.

• Tome la carta seleccionada y de cara al público la coloca en el centro del abanico, dentro del corte de la carta marcada (fig. 3).

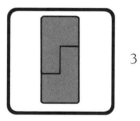

3

• El corte queda escondido por las cartas que hay delante. El movimiento es fácil. Cuando vaya a insertar la carta elegida dentro del corte haga una pequeña presión con la carta para que el corte se abra y pueda ponerla fácilmente.

• Cuadre la baraja con la carta elegida sobresaliendo la mitad (fig. 4). Con las cartas cara al público, introduzca la baraja dentro del estuche, el cual previamente habrá dado a examinar (fig. 5). La baraja sobresale la mitad de dentro del estuche sostenida por el pulgar y los demás dedos de la mano derecha.

• Con el dedo índice de la mano izquierda empuje la carta elegida, por ejemplo el ocho de trébol, dentro de la baraja, hasta que quede al mismo nivel que las otras cartas. Esto hace que la carta con corte se deslice hacia abajo del estuche.

• Sostenga el estuche con su mano derecha mediante la presión del pulgar en un lado y el resto de los dedos por el otro (fig. 6).

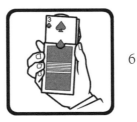

• Enseñe la baraja y el estuche por ambos lados. Relaje la presión de los dedos para que la baraja caiga dentro del estuche, a la vez que se verá la carta elegida sobresaliendo del estuche (fig. 7), pareciendo que ha saltado.

• Tome el estuche con su mano izquierda y coloque el dedo índice sobre la parte superior del estuche para que cuando saque la carta elegida no salga la carta que tiene el corte.

Las dos cartas juntas

Efecto

- Un espectador hace el papel de mago, se le entrega una baraja para que la mezcle y luego le dé a elegir una carta a usted y a otro espectador.

- Las cartas elegidas son devueltas a la baraja y al girarla cara arriba se encuentra las cartas, pero están juntas.

Realización

- Entregue una baraja a un espectador y dígale que va a interpretar el papel de un mago.

- El espectador debe mezclar las cartas. Cuando haya terminado, debe usted fijarse en la carta inferior de la baraja. Esto le será fácil ya que se acostumbra a mezclar las cartas entre las manos. Si no fuese posible ver la carta, cuando termine se le pide que muestre las cartas cara arriba para comprobar que están bien mezcladas, con lo cual puede ver la carta inferior. Supongamos que es el 8 de picas.

- Pídale que gire la baraja cara abajo y que la extienda para que usted pueda elegir una carta, después le pide que dé a elegir otra carta a un espectador.

- Una vez la haya elegido, le pide, al espectador mago, que cuadre la baraja.

- Se le pide al espectador que ha elegido la carta que la recuerde y la ponga encima de la baraja, mientras el espectador mago corta la baraja por donde quiera y completa el corte.

- Esto ha permitido que la carta elegida por el espectador se coloque junto a la carta vista en la parte inferior de la baraja, el 8 de picas.

- Ahora ponga usted su carta encima de la baraja y le pide al espectador mago que corte la baraja, sugiriéndole que corte aproximadamente un cuarto de la parte superior de la baraja, asegurándose así que las cartas colocadas están separadas. Esto también permite que las dos cartas, la que ha puesto el espectador nº 2 y la que usted ha visto al principio, el 8 de picas, queden en el centro de la baraja.

• Haga una recopilación de lo que se ha hecho; que el espectador mago ha mezclado la baraja, que dos personas han escogido una carta cada una, y que después se han perdido en medio de la baraja.

• «Yo he cogido el 8 de picas», realmente dice la carta que había visto al principio en la parte inferior de la baraja. Pida al espectador nº 2 que nombre la carta que ha elegido.

• Pida al espectador mago que gire la baraja y busque la carta que ha dicho el espectador nº 2. Al encontrarla el público verá que junto a esta carta está la suya, el 8 de picas. Las dos cartas se han juntado.

Localización imposible

Efecto

• Se entrega una baraja de cartas a un espectador para que la mezcle, una vez lo ha hecho se le pide que entregue la mitad de la baraja al mago (fig. 1).

1

• Tanto el espectador como el mago se ponen la baraja detrás de la espalda para barajarla. Se pide al espectador que tome una carta cualquiera que la mire y la coloque encima del paquete que tiene en la espalda.

• Puestos los paquetes de cartas por delante, el mago coloca el suyo encima del espectador, el cual lo vuelve a colocar a la espalda, para seguir las instrucciones que le dirá el mago.

• Este toma la primera carta, la superior, y la coloca debajo de las otras.

• Toma la siguiente carta de arriba y la pone aproximadamente en el centro, pero cara hacia arriba.

• Hecho esto, el mago le pide la baraja de cartas y dice: «Ha sido vista una carta libremente seleccionada por usted, después fue colocada en la baraja y posteriormente ha pasado una carta de la parte superior a la parte inferior y por último ha colocado una carta invertida aproximadamente por el centro».

• Sería una casualidad, dice el mago, que haya colocado la carta vuelta al lado de la carta vista.

• El mago extiende la baraja con los dorsos hacia arriba y en forma de cinta, sobre la mesa o entre sus manos. Aparece como es lógico una carta vuelta, retira la siguiente a ella y al volverla se comprueba que es la carta que había visto el espectador.

Realización

• Cuando el mago recibe la mitad de la baraja que le entrega el espectador, la sitúa a su espalda, al igual que hace aquel, y mientras aparenta mezclarla, lo que en realidad hace es volver o invertir la carta superior, situar encima de esta una carta cualquiera en posición normal, que será la que oculte la carta superior vuelta y en la parte inferior del paquete también sitúa una carta vuelta, (fig. 2).

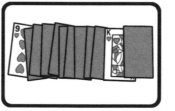

2

• Vista la carta por el espectador, según se indica en el efecto, el mago coloca encima del mazo de este su paquete, preparado secretamente en la forma antes indicada.

• Vuelve el espectador su paquete, ya preparado, a la espalda y hace lo que en el efecto se indica.

• Tome la primera carta, la superior, y colóquela debajo de las otras.

• Tome la siguiente carta de arriba y póngala aproximadamente en el centro, pero cara hacia arriba.

• Cuando le entreguen la baraja, extienda la baraja con los dorsos hacia arriba y en forma de cinta, sobre la mesa o entre sus manos. Aparecerá como es lógico una carta vuelta, retira la siguiente a ella y al volverla se comprueba que es la carta que había visto el espectador.

Los cuatro montones

Efecto

• Un espectador mezcla la baraja y luego la corta en cuatro paquetes.

• Escoge uno de ellos y va dando cartas encima de la mesa, parándose cuando quiera, recuerda la carta por donde se ha detenido y la pierde por el centro de su paquete.

• Reúne la baraja y se la devuelve al mago, este es capaz de encontrar la carta.

Realización

• Entregue una baraja a un espectador para que la mezcle y que luego la corte en cuatro paquetes, más o menos iguales y póngalos sobre la mesa (fig. 1).

1

• Cuando lo haya hecho diga que va a demostrar lo que quiera que haga.

• Pida al espectador que elija un paquete para hacer la demostración. Cuando le indiquen el paquete, empiece a dar cartas una a una encima de la mesa, diciendo que esto es lo que deberá hacer el espectador.

• Continúe dando cartas sobre la mesa, hasta que solo le queden tres en la mano. Cuando vaya dando cartas ábralas un poco con su mano izquierda y podrá ver cuándo se acerca al final.

• Explique al espectador que puede dejar de dar cartas cuando quiera, mirando entonces la carta superior del paquete que le queda en la mano.

• Mientras dice esto, abiertamente, mire la carta superior del paquete de tres cartas que le queda a usted en la mano, hágalo de forma natural como si quisiese enseñar lo que deberá hacer el espectador.

• Recuerde bien esta carta, supongamos el 4 de corazones, déjela sobre el paquete ya dado y coloque las dos cartas que le quedan en la mano encima del mismo.

• El público debe ignorar que ha memorizado una carta. La carta que ha memorizado ocupa el tercer lugar por arriba de su paquete.

• Pida a un espectador que coja cualquier otro paquete y que repita lo que usted acaba de realizar, dar cartas sobre la mesa.

• Cuando empiece a dar cartas, comience a contar el número de cartas que reparte, pero contando su primera carta como cuatro. Cuando haya parado recuerde el total de lo que haya contado, supongamos diez.

• Que el espectador mire y recuerde la carta superior del paquete de cartas que le hayan quedado en la mano y deposite esta carta encima del paquete de cartas que ha repartido. Por último deje les cartas que le hayan quedado en su mano encima del paquete.

• El mago le pide al espectador que tome el paquete de cartas y lo ponga encima del suyo, luego intercálelo entre los otros dos, reconstruyendo toda la baraja.

• Ahora tiene una baraja completa, con la carta del espectador, diez cartas más allá de la carta que memorizó.

• Extienda las cartas y las va pasando cara arriba hasta que llegue a su carta guía: el cuatro de corazones. Cuando llegue comience a contar desde la siguiente carta, hasta que cuente el total que estaba recordando que en este caso es el número diez. La carta que siga a este número será la carta elegida por el espectador.

• Ahora puede revelarla de la forma que más le guste.

Magia telefónica

Efecto

• El mago adivina una carta por teléfono.

Realización

• Llame a un amigo por teléfono y pídale que tome una baraja, que la mezcle y corte.

• Pídale que reparta tres cartas de un lado a otro, sobre la mesa, empezando por la izquierda. Pídale de nuevo que reparta una carta sobre cada una de las tres cartas y que para finalizar reparta otra vez tres cartas. Ahora tendrá tres pilas de tres cartas (fig.1).

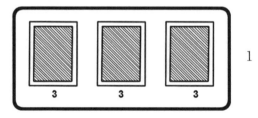

1

• Le pide que coja una de las pilas y recuerde la carta inferior y luego que deposite esta pila sobre otra cualquiera de las que le han quedado sobre la mesa y que ponga este grupo de dos pilas sobre la tercera pila.

• La carta seleccionada estará ahora en tercer lugar desde arriba del paquete boca abajo.

• Explique que tiene que deletrear el nombre de su carta, una carta por cada letra de la palabra.

• Recoja las nueve cartas, sujetándolas con la mano izquierda, boca abajo y que deletree el nombre de su carta; ejemplo U-N-O (no A-S), D-O-S, T-R-E-S etc., poniendo una carta por cada letra, encima de la mesa.

• Deje el resto de las cartas sobre las ya repartidas y tome todo el paquete.

• Deletree la palabra D-E, colocando dos cartas una después de la otra sobre la mesa y deposite el resto de las cartas sobre estas dos. Tome todo el paquete y deletree el palo, como antes, supongamos C-O-R-A-Z-O-N-E-S y deposite el resto de las cartas encima.

• La carta seleccionada estará ahora en quinto lugar, por arriba del paquete boca abajo.

• Tome el paquete y reparta las cartas en tres pilas de tres cartas cada una, como hizo antes.

• Diga que como no sabe qué palabra deletreó es imposible que pueda conocer la carta.

• Realmente la carta seleccionada es la carta central de la pila del medio (fig. 2).

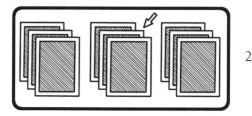

2

• Pídale que elimine la pila de la izquierda, pues no siente que ahí está la carta.

• Dígale que elimine también la de la derecha.

• Pídale que tome la pila que le queda y que la reparta en una fila de izquierda a derecha.

• Luego debe eliminar la carta de la izquierda y la de la derecha.

• Dígale que nombre su carta, cuando lo ha hecho le pide que vuelva cara arriba la carta que queda en la mesa y será la misma.

Tacto prodigioso

Efecto

• Se da a mezclar una baraja a un espectador. El mago se la introduce en un bolsillo y pide que le digan una carta cualquiera. El mago pone la mano en el bolsillo y saca una carta del mismo palo que la nombrada. Luego saca cartas cuyos puntos sumados entre sí dan el número de la carta nombrada.

• Por ejemplo si nombran el 7 de copas, saca primero una carta de copas y después un 2, un 4 y un as, que sumados dan 7.

Preparación

• De una baraja española se retiran el as de oros, el 2 de copas, 4 de espadas y el 6 de bastos. Guárdeselas en el bolsillo en este orden y recuérdelo.

Realización

• De a mezclar una baraja de cartas, luego introduzca la baraja, sin mirarla, en el bolsillo, al lado de las cuatro cartas que tiene allí ocultas.

• Deje la baraja en posición horizontal, mientras que las cuatro cartas las tiene en posición vertical. Así podrá distinguir unas de las otras.

• Pida que nombren una carta, anunciando antes, que por el tacto logrará sacar primero una carta del mismo palo y luego cartas que sumadas darán el número de la carta nombrada.

• Todo consiste en sacar la carta, de las cuatro que había ocultado, del mismo palo que la carta nombrada. Lugo en sacar las cartas necesarias, de entre estas cuatro, para conseguir la suma de los puntos. A veces la carta del palo ya sacada habrá de sumarla a las otras que saque y a veces no.

• Con las cuatro cartas que había ocultado se puede hacer cualquier suma del 1 al 10 inclusive, según la tabla adjunta.

    ❑ Si eligen un as saque el as.

❏ Si eligen un 2 saque el dos.

❏ Si eligen un 3 saque el as y el 2.

❏ Si eligen un 4 saque el 4.

❏ Si eligen un 5 saque el 4 y el as.

❏ Si eligen un 6 saque el 6.

❏ Si eligen un 7 saque el 6 y el as.

❏ Si eligen una sota (=8) saque el 6 y el 2.

❏ Si eligen un caballo (=9) saque el 6 el 2 y el as.

❏ Si eligen un rey (=10) saque el 6 y el 4.

Ejemplos:

• Si nombran el caballo de copas, saque el 2 de copas y luego el 6 y el as. Pida que sumen las tres cartas sacadas (6+2+1=9).

• Si nombran el 3 de bastos, saque el 6 de bastos y diga: una carta del mismo palo (bastos); ahora sacaré cartas para el número, y saque el as y el 2 que sumadas dan 3.

• Si nombran el 4 de espadas, saque con cierto misterio el 4 de espadas, en este caso el efecto es más fuerte.

• Si lo hace con una baja francesa con ochos, nueves y dieces, las cartas que guarda en el bolsillo son: as, 2, 4 y 8 con lo que se consigue los números 11, 12 y 13 (8, 2, as; 8 y 4; 8, 4 y as).

• Para completar el número de la carta, puede utilizar el número de la carta que ha sacado para indicar el palo.

LOS JUEGOS CON CLIPS

Clips enlazados

Efecto

• Se dobla un billete en tres partes y se utilizan unos clips para fijar los pliegues.

• Cuando se tira de los extremos del billete doblado los clips saltan sobre la mesa enlazados.

Realización

• El juego es casi automático, todo depende de cómo se coloquen los clips, practique hasta que logre ponerlos de forma rápida y así despistará al público.

• Tome el billete entre sus manos (fig. 1).

1

• Doble hacia la derecha un tercio de su longitud (fig. 2).

2

• Coloque uno de los clips sobre este pliegue para mantenerlo en su sitio de forma que quede ajustado en la parte superior del billete (fig. 3).

3

• El clip debe quedar cerca del extremo doblado (fig. 4).

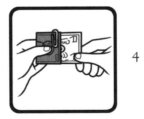

4

• Gire completamente el billete de manera que vea su lado opuesto, no lo gire de arriba abajo, el clip debe quedar como muestra (fig. 5).

5

• Doble el lado izquierdo del billete sobre el derecho (fig. 6).

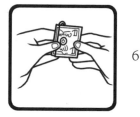

6

• Coloque el otro clip en el billete, por arriba, manteniendo así este extremo en su lugar. Coja con el clip solo los dos pliegues del papel que están más cerca de usted (fig. 7).

7

• El clip debe quedar cerca del extremo superior del billete (fig. 8).

8

• Si ha colocado correctamente los dos clips sobre el billete sobre el billete se deberán ver como muestra la (fig. 9).

9

- Coja firmemente los dos extremos del billete, cerca de la parte superior y comience a tirar de ellos. A medida que tire del billete los clips empezarán a moverse también (fig. 10).

10

- Cuando llegue al punto donde los clips queden prácticamente uno encima del otro, dé a los extremos del billete un tirón fuerte y seco (fig. 11).

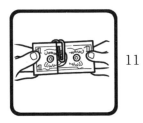

11

- El billete se abrirá, saliendo volando los dos clips, que caerán sobre la mesa enlazados.

12

- Se recomienda para un mayor efecto utilizar clips de tamaño gigante.

Clips enlazados con una goma

Efecto

• Esta es una variación de los clips enlazados donde los clips se unen de una forma misteriosa y además se enlazan con un aro de goma que se había previamente enrollado en el billete.

Realización

• Siga los pasos uno al cuatro de los ya descritos en el efecto de los clips enlazados.

• Coloque un aro de goma alrededor del extremo derecho del billete. La goma deberá ser un poco mayor que el ancho del billete de manera que ha de quedar colgando un trozo de la tira de goma por debajo del lado inferior del billete (fig. 1).

1

• Doble el extremo derecho del billete y coloque el segundo clip, tal y como hizo en el anterior efecto. Si ha colocado los clips y la goma de forma correcta debe aparecer como muestra la (fig. 2).

2

• Sujete firmemente los extremos del billete y tire de ellos, la goma quedará enlazada al billete, con los dos clips también enlazados a modo de cadena (fig. 3).

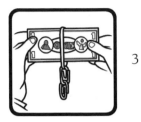

3

6

LOS JUEGOS CON CUERDAS

El anillo viajero

Efecto

• Se enseña una cuerda con tres nudos sencillos y distanciados simétricamente uno de otro. El nudo central lleva atado un anillo (fig.1).

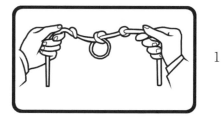

1

• Se enseña que el anillo está correctamente atado.

• Se juntan los dos extremos de la cuerda en una sola mano, con la otra se realizan unos pases mágicos y cuando se extiende la cuerda sosteniéndola verticalmente, el anillo ha pasado a un nudo lateral (fig. 2). Se entrega la cuerda al público para que la examinen, no hay nada anormal.

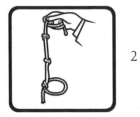

2

Preparación

• El secreto está en un nudo falso corredizo, que se escamotea en el momento de producir el efecto.

• Se utiliza una cuerda bastante gruesa. Para confeccionar el nudo corredizo, haga un nudo con un trocito de cuerda, sin apretarlo (fig. 3).

3

• Con hilo blanco o del mismo color de la cuerda, cosa el nudo, de modo que no se pueda deshacer.

• Corte al raso los extremos; y para evitar que se deshilen, aplique un poco de pegamento. Tendrá un nudo corredizo para el juego (fig. 4).

4

• Este nudo debe poder deslizarse fácilmente en la cuerda.

• Enfile el nudo falso en una cuerda de unos 80 centímetros. En el lado derecho de este nudo haga un nudo corriente atando en él un gran anillo.

• A continuación, otros dos nudos, todos debidamente separados por la misma distancia. El conjunto debe quedar como muestra la fig. 5.

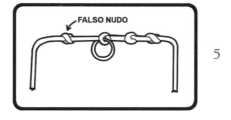

5

Realización

• Enseñe la cuerda cogida horizontalmente por sus extremos, pero ocultando con la mano derecha el nudo real del extremo derecho. El público ve simplemente tres nudos en una cuerda con un anillo atado en el nudo central (fig. 1).

• Para producir el efecto junte los extremos de la cuerda en la mano izquierda, ocultando en ella el nudo verdadero que ocultaba la derecha (fig. 6).

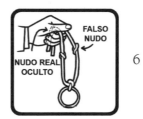

6

• Tire del anillo a fin de demostrar que está sólidamente atado en el nudo central.

• Ahora se recoge toda la cuerda en el interior de la mano izquierda; pero en esta operación, la mano izquierda se apodera del nudo falso y lo desliza hasta liberarlo de la cuerda y lo mantiene oculto en la mano.

• La mano derecha ejecuta algunos pases mágicos sobre el puño que sostiene la cuerda y acto seguido coge un extremo de la cuerda, cualquiera de los dos, y tirando de él muestra la cuerda verticalmente (fig. 2).

• La mano izquierda, aprovechando la sorpresa se deshace del nudo falso poniéndolo dentro de un bolsillo.

• Se entrega todo el material para su examen.

El nudo imposible

Efecto

• El mago sujeta una cuerda con un extremo en cada mano, invita a un espectador a que haga lo mismo con otro trozo de cuerda. El mago dice que es imposible realizar un nudo en la cuerda sin soltar uno de sus extremos.

• Entonces empieza a anudar la cuerda con una serie de sencillos giros y lazos.

• Lo hace lentamente sin soltar ninguno de los extremos, de manera que el espectador pueda copiar todos los movimientos que hace el mago. Todavía sujetando los dos extremos, el mago sacude la cuerda de sus muñecas apareciendo mágicamente un nudo en el centro.

• En la cuerda del espectador, no se forma ningún nudo, aunque ha copiado todos los movimientos que ha hecho el mago.

Realización

• Sujete la cuerda cerca de sus extremos, entre el dedo pulgar y el dedo índice de cada mano colgando la cuerda como se ve en la fig. 1.

1

• Lleve su mano derecha hacia atrás, hacia usted, y deje colgando la cuerda sobre su muñeca izquierda (fig. 2).

2

• Ahora lleve el extremo derecho de la cuerda hacia abajo del lazo que cuelga. Esto dividirá el lazo en dos partes, izquierda y derecha (fig. 3).

3

• Pase su mano derecha, sujetando el extremo derecho, por la parte izquierda del lazo y en la misma acción simultánea pase la mano por la parte derecha del lazo, enlazando la cuerda por el punto A (fig. 4).

4

• Mueva de nuevo su mano derecha hacia la derecha, llevando con ella el trozo de cuerda cogido. El punto A está ahora justo por detrás de su muñeca izquierda.

• Esta es la única parte de este juego difícil de ilustrar. Simplemente practique con la cuerda entre sus manos hasta conseguir lo mostrado en la fig. 4, o sea que su mano derecha sujetando su extremo se mete en el lazo y toma el punto A llevándolo a la parte de atrás de su muñeca. Entonces se tira del punto A por dentro del lazo hasta llegar a la posición de la fig. 5.

5

• Mueva su mano derecha al mismo nivel que su mano izquierda, ten-
sando la cuerda hasta que se vea la forma cruzada entre sus muñecas
(fig. 6).

6

• Fíjese que en la fig. 6 se señala otro punto B, este punto se encuentra
justo por debajo del extremo que sujeta su mano derecha. Relaje ahora
la tensión de la cuerda, inclinando ambas manos hacia delante y hacia
atrás, de forma que el lazo exterior, que se encuentra entre sus muñecas,
comience a deslizarse hacia los extremos de sus manos.

• Ahora viene el pase secreto. A medida que la cuerda comienza a caer
sobre sus muñecas, prepare su mano derecha para que de forma secreta
coger la cuerda por el punto B a la vez que suelta su extremo (fig.7).

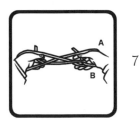

7

• Una vez el lazo ha pasado completamente a través de sus manos, se-
párelas.

• Al mismo tiempo suelte el extremo derecho de la cuerda mientras de modo imperceptible sujete el punto B con sus otros tres dedos.

• Gracias al movimiento de sacudida el lazo saldrá de sus muñecas, no pudiendo percibir el público este movimiento que es el secreto real de este juego (fig. 8).

8

• Mientras separa las manos, el extremo derecho de la cuerda, de forma automática, pasará por dentro del lazo formando un nudo en el centro de la cuerda (fig. 9).

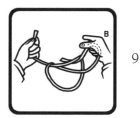

9

• Su pulgar e índice de la mano derecha inmediatamente volverán a tomar su agarre inicial en el extremo de la cuerda, quedando todo igual a excepción del nudo que se ha formado (fig. 10).

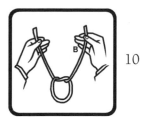

10

Fantasía con cordones

Efecto

• El mago pide prestados dos anillos a dos espectadores. Entrega a un espectador un lápiz para que lo examine, mostrando luego dos cordones que se atan fuertemente al lápiz.

• Se enlazan los anillos en los cordones, manteniéndolos con un nudo. Bajo estas condiciones, incluso manteniendo el espectador sujetos los extremos del cordón, el mago hace que los anillos atraviesen mágicamente los cordones, quedando los anillos, el lápiz y los cordones intactos.

Material necesario

☐ Un lápiz, dos cordones y dos anillos.

Realización

• Primero pida prestados dos anillos al público, luego que un espectador sujete un lápiz por sus extremos entre sus manos.

• Deje ahora colgando los dos cordones por encima del lápiz (fig. 1) a partir de ahora nos referiremos a estos cordones como A y B.

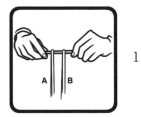

1

• Mientras el espectador sujeta el lápiz, tome los dos extremos del cordón A en su mano izquierda y los dos del cordón B en su mano derecha. Realice ahora un nudo simple como se muestra en la (fig. 2).

• Apriete el nudo y pida al espectador que suelte el lápiz. Gire los cordones de manera que queden paralelos al suelo, quedando el lápiz en posición vertical.

• Tire fuerte de los cordones para que el lápiz no se pueda deslizar. Haga ahora que un espectador coja los extremos de los cordones (fig. 3).

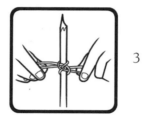

• Centre la atención sobre los dos anillos pasándolos por los extremos de los cordones. Pase un anillo por cada uno de los extremos (fig. 4). Al hacerlo asegúrese que pasa los dos extremos del cordón A por un anillo y los dos extremos del cordón B por el otro.

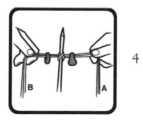

• Ahora ya está a punto de fijar los anillos, para hacerlo tome un extremo del cordón A y otro extremo del cordón B, luego ate ambos extremos con un nudo simple (fig. 5). Cuando haga este nudo, cruzará los extremos A y B, no importa cuál de los dos extremos A o B coja.

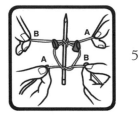

5

• Tire para apretar el nudo, los anillos se comprimirán contra el lápiz.

• Entregue de nuevo los extremos al espectador para que sujete el montaje (fig. 6).

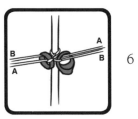

6

• Ahora con su mano derecha tome el nudo del lápiz (fig. 7). Con su mano izquierda sujete el lápiz cerca de su parte inferior, preparado para deslizarlo fuera del nudo.

7

• Con su mano derecha sujete firmemente el nudo, mientras que con su mano izquierda tira del lápiz hacia fuera (fig. 8).

8

• Pase ahora el lápiz por el interior de los anillos (fig. 9), la mano derecha todavía sujeta el nudo.

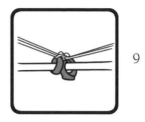

9

• Pida al espectador que tire de los extremos del cordón, al mismo tiempo suelte el nudo que tiene sujeto en su mano derecha. Los anillos parecerán que hayan atravesado los cordones (fig. 10).

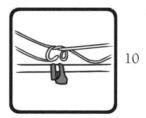

10

• El espectador se quedará sujetando los cordones y los anillos quedarán en el lápiz (fig. 11).

11

• Devuelva los anillos a sus propietarios y entregue el resto del material para que el público pueda examinarlo.

La cinta china a través del cuello

Efecto

• Se da a examinar una cinta de tela de unos dos metros de largo por tres centímetros de ancho y se coloca por su parte central detrás del cuello.

• La cinta se envuelve alrededor del cuello y cuando se tira de ella, parece que ha pasado a través del cuello, atravesándolo.

Material necesario

☐ Una cinta de tela de unos dos metros de longitud por tres centímetros de ancho.

Realización

• Enseñe la cinta entre sus manos. Ponga el centro de la cinta por detrás de su cuello (fig. 1) y deje que la cinta caiga por delante. La parte izquierda de la cinta ha de quedar unos veinte centímetros más corta que la parte derecha.

1

• Sujete la cinta A de la parte derecha, unos veinte centímetros por debajo del cuello, entre los dedos índice y medio de su mano izquierda (fig. 2) y por debajo de este punto, la mano derecha coge la cinta B de la parte izquierda.

• Cruce la parte A con la parte B con su mano izquierda (fig. 3) y súbala hacia arriba por la parte izquierda de su cuello al mismo tiempo, la mano derecha va hacia arriba por delante de la parte B arriba del bucle en A. (fig. 4).

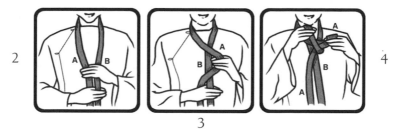

2   3   4

• Lleve la mano derecha con la cinta B hacia arriba de la parte izquierda de la cabeza y al mismo tiempo levante el bucle en A con la mano izquierda (fig. 5).

5

• La mano izquierda lleva el bucle A a la parte trasera del cuello (fig. 6) como la mano derecha va hacia la parte superior trasera de la cabeza, continúe hacia abajo por la parte derecha de la cabeza permitiendo que la cinta B caiga por delante de su cuerpo, (fig. 7).

6   7

• Visto de frente al público la parece que ha envuelto con la cinta su cuello, ya que no ve la parte posterior (fig. 8) y el diagrama de la fig. 9.

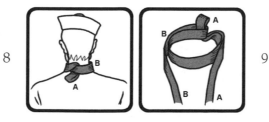

8   9

• Coja cada parte de la cinta con sus manos (fig. 10) y de una forma rápida tire de ella hacia adelante separando las manos. La cinta parecerá que ha atravesado su cuello.

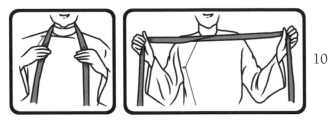

10

• Este es un efecto muy impactante, ensáyelo, muchas veces, hasta que los movimientos parezcan normales.

La cuerda cortada y recompuesta

Efecto

• El mago muestra una cuerda de unos dos metros de largo. Crea en el centro de la cuerda un bucle, cortando por ahí diciendo que la cuerda, primero, se ha de cortar en dos partes iguales.

• Sin embargo salta enseguida a la vista que la longitud de los dos trozos no es la misma.

• El mago, consternado y frustrado, enlaza los dos trozos cortados con un nudo, enrollando entonces la cuerda alrededor de su mano.

• Tras unos pases de magia, el mago desenrolla la cuerda mostrando que el nudo ha desaparecido y la cuerda esta otra vez entera.

Realización

• Todo lo que se necesita para esta juego es: una cuerda larga, unas tijeras y una moneda o cualquier objeto pequeño que se colocará en el bolsillo derecho del pantalón.

• Muestre la cuerda al público sujetándola por sus extremos entre el pulgar y los demás dedos de su mano izquierda de forma que el centro de la cuerda cuelgue (fig. 1).

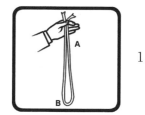

1

• Hay dos puntos importantes en la cuerda que le ayudarán en la explicación del juego. El primero es un punto a unos diez centímetros de un extremo de la cuerda. A este punto lo llamaremos A. El segundo es el punto central real de la cuerda lo llamaremos B.

• Introduzca su dedo pulgar e índice de la mano derecha por el bucle central punto B del lado de la cuerda que el público ve, como muestra la fig. 2

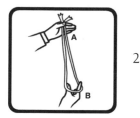

2

• Al insertar su dedo pulgar e índice por el bucle, ambos dedos apuntan hacia arriba y ligeramente hacia atrás, hacia usted.

• Con su mano derecha suba la cuerda hasta su mano izquierda, conservando el bucle, quedando el punto B suelto sobre el pulgar e índice de su mano derecha (fig. 3).

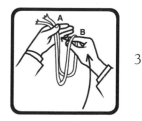

3

• Cuando ambas manos están juntas, su pulgar e índice de la mano derecha toman la cuerda por el punto A como se muestra en la fig. 4.

4

• Aquí viene el pase secreto, que hace posible el juego. Tire ahora del punto A hacia arriba de forma que forme un pequeño bucle, que suje-tará entre sus dedos pulgar e índice. Al mismo tiempo que toma el punto A incline sus dedos derechos hacia abajo, de forma que el punto B el centro real de la cuerda, se deslice de sus dedos de la mano derecha hasta el bucle de cuerda formada al levantar el punto A (figs. 5 y 6).

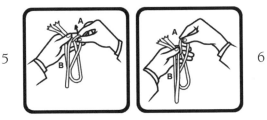

5   6

• Mientras levanta el punto A formando un nuevo bucle, el pulgar iz-quierdo sigue sujetando el centro real punto B en la parte inferior de su mano, fuera de la visita de los espectadores.

• Este nuevo lazo, punto A, sustituye lo que el público, todavía, cree que es el centro real de la cuerda punto B puesto que su mano izquierda oculta el cambio (fig. 7).

7

• Ahora con las tijeras corta la cuerda por el punto A. Diga «cortaré la cuerda por el centro con lo que tendré dos pedazo de cuerda iguales de largas (fig. 8).

8

• Una vez cortada la cuerda el público verá cuatro extremos saliendo de su mano izquierda (fig. 9). El punto A ha sido cortado en dos partes como se muestra.

9

• Con su mano derecha toma el extremo que en su mano izquierda está más a la derecha, déjelo caer y diga «aquí está una cuerda» (figs. 10 y 11).

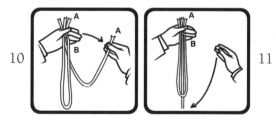

10   11

• Tome el extremo de la cuerda que está más a la izquierda y déjelo caer al lado del primero (figs. 12 y 13), mientras dice «aquí está la segunda cuerda».

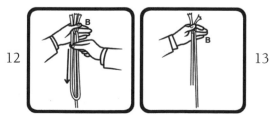

12   13

• En este punto el público verá que las dos cuerdas no tienen la misma longitud, como había dicho. Simule asombro y diga que algo ha ido mal, la cuerda debía de estar cortada en dos partes iguales.

• Los extremos de las cuerdas que asoman en su mano izquierda, parecen los extremos de los dos trozos largos. El centro real de la cuerda B está formando un bucle sobre el trozo corto de cuerda.

• Como prueba adicional puede añadir el siguiente movimiento, que convencerá al público de que tiene dos trozos de cuerda separados. Cubra el cruce de bucles por el punto B con su pulgar izquierdo. Luego gire su brazo izquierdo hacia la izquierda, de forma que la palma de la mano izquierda quede mirando al público.

• Esta permite mostrar los dos lados de las cuerdas cortadas mientras el pulgar izquierdo oculta los extremos superiores que son realmente los extremos del bucle (fig. 14). Luego gire su brazo hasta la posición inicial de cara al público.

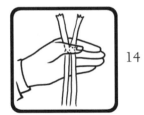

14

• Mientras su manos ocultan la posición de las cuerdas, anude los extremos del trozo corto de la cuerda, alrededor del centro de la cuerda larga por el punto B. Tenga precaución, mientras hace el nudo, de no mostrar que tiene una cuerda corta y otra larga (fig. 15).

15

• Una vez haya hecho esto puede mostrar la cuerda al público mientras llama la atención sobre el nudo (fig. 16)

• Luego, comenzando por cualquier extremo empiece a enrollar la cuerda en su mano izquierda. Pero lo que hará es deslizar, mientras enrolla la cuerda, el nudo a lo largo de la cuerda, manteniéndolo oculto en su mano derecha mientras lo desliza (fig. 17)

• Una vez lo ha terminado de enrollar, saque el nudo de la cuerda y manténgalo oculto entre los dedos de la mano derecha (fig. 18).

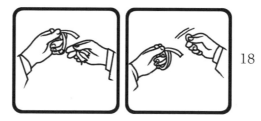

• Sin pausa ponga la mano derecha dentro del bolsillo, diciendo que necesita una moneda u otro pequeño objeto.

• Dicho esto deje el nudo en su bolsillo y saque la moneda, de unos toques sobre su mano izquierda con la moneda, se la vuelve a guardar en el bolsillo y desenrolla la cuerda de su mano izquierda, mostrando al público que el nudo ha desparecido y la cuerda está recompuesta.

La triple cuerda

Efecto

• El mago muestra al público tres trozos de cuerda de la misma longitud y que están anudados por ambos extremos.

• Por un extremo desata las tres cuerdas y ata luego dos de ellas. Por el otro extremo desata las tres cuerdas atando luego dos.

• Así las tres cuerdas quedan atadas por sus extremos formando una cuerda larga a excepción de los nudos.

• El mago enrolla la cuerda en su mano sacando una moneda del bolsillo de su americana, pasándolo por encima de la cuerda.

• Cuando se desenrolla la cuerda, los nudos han desaparecido y los tres trozos de cuerda se han unido mágicamente para forma una sola cuerda larga que puede darse a examinar.

Realización

• Realmente se emplea una cuerda larga y dos trozos. La cuerda larga que tiene aproximadamente un metro y los trozos cortos unos 10 centímetros.

• Divida la cuerda larga en tres partes, luego enlace un trozo corto de cuerda en cada uno de los bucles de la cuerda larga como se muestra en la ilustración A.

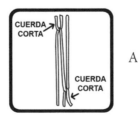

A

• Ate los tres extremos superiores, uno de la cuerda larga y dos del trozo corto, en un único nudo como muestra la figura B.

B

• Para el público parecerá que son los extremos de las tres cuerdas independientes.

• Así es como debe quedar el nudo una vez ajustado, ilustración C.

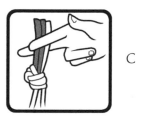

C

• Ahora ate los otros tres extremos juntos de la misma manera ilustración D.

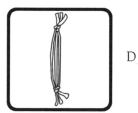

D

• Esta preparación se debe de hacer antes de presentar el juego. Para el público debe parecer que tiene tres trozos de cuerda con sus extremos atados juntos.

Presentación

• Muestre las tres cuerdas. Luego con las dos manos desate el gran nudo de un extremo. Asegúrese de no enseñar que dos de los extremos son un trozo de cuerda corto (fig. 1).

1

• Una vez lo haya hecho sujete las cuerdas en su mano izquierda con el pulgar y el resto de los dedos como muestra la fig. 2. El pulgar izquierdo pinza el bucle justo donde la cuerda larga se dobla. Ocultándolo así de la vista del público.

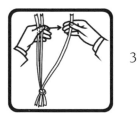

2

• Suelte el extremo de la cuerda larga de manera que se quede sujetando los dos extremos del trozo corto que enlaza parte de la cuerda larga (fig. 3).

3

• Una vez haya soltado la cuerda larga las cuerdas se verán como muestra la fig. 4.

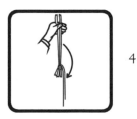

4

• Anude el trozo corto de cuerda, en un solo nudo, alrededor de la cuerda larga, asegúrese de ocultar con sus dedos el enlace hasta que el nudo esté realizado (fig. 5).Una vez hecho lo puede enseñar claramente.

5

• Tome el otro gran nudo y repita la misma operación.

• Muestre ahora lo que parece ser tres trozos de cuerda anudados formando una única y larga cuerda (fig. 6).

6

• Sujete un extremo de la cuerda en su mano izquierda y comience a enrollar la cuerda alrededor en su mano izquierda con la ayuda de la derecha (fig. 7).

7

• A medida que va enrollando la cuerda se va deslizando de forma natural por su mano derecha. Cuando llegue al primer nudo, manténgalo en su mano derecha, deslizándolo secretamente a lo largo de la cuerda (fig. 8).

• Cuando llegue al segundo nudo, su mano derecha lo deslizará del mismo modo. El público pensará que los nudos están todavía en la cuerda enrollada en su mano izquierda (fig. 9).

• Una vez termine de enrollar, extraiga secretamente los nudos de la cuerda (fig. 10).

• Diga que empleará una moneda mágica. Su mano derecha va hacia el bolsillo y deja los nudos y toma la moneda.

• Haga unos pases mágicos con la moneda por encima de la cuerda y devuelva la moneda al bolsillo.

• Desenrolle la cuerda de su mano izquierda y muestre que los nudos han desaparecido y las tres cuerdas se han convertido en una única cuerda larga (fig. 11) .

Predicción con cuerdas

Efecto

• El mago saca de una bolsa de plástico tres cuerdas de diferentes colores, que entrega a un espectador y le pide que las anude una con la otra en el orden que quiera.

• Una vez lo ha hecho se le pide que las muestre al público, de forma vertical, sujetando en alto la primera.

• Una vez lo ha hecho, el mago saca de la bolsa una tira de tres cuerdas anudadas una con la otra en el mismo orden que las que ha anudado el espectador.

Material necesario

☐ Tres pares de cuerdas, de unos sesenta centímetros cada una, de diferentes colores.

☐ Puede comprar cuerda de algodón un poco gruesa y después teñirlas con anilina, que sirve para teñir ropa y que venden en las droguerías. Si le es difícil teñir las cuerdas también puede utilizar corbatas, las puede comprar de las más baratas, pero que sean muy diferenciadas de color.

☐ Supongamos que los colores de las cuerdas son dos rojas, dos verdes y dos blancas.

☐ Una bolsa de plástico para contener un conjunto de cuerdas.

Preparación

• Prepare un conjunto de tres cuerdas anudadas una con la otra y con los extremos finales también anudados, de forma que se forme un círculo.

• Los nudos son los que se pueden deshacer con una presión hacia afuera y desaparecen.

• La forma de hacer estos nudos es la siguiente; envuelva un extremo alrededor de otro como si quisiera empezara hacer un nudo. Tome el extremo con el que ha envuelto el otro y empújelo hacia adentro del lazo que se ha formado (fig. 1).

1

• Tire de la cuerda por debajo del nudo apretando un poco el lazo sobre el extremo que ha entrado. No lo apriete mucho, haga varias pruebas para ver cuál es la presión idónea.

• Si toma el nudo con la mano y con el pulgar desliza hacia afuera el nudo comprobará que se deshace dejando los extremos de las cuerdas libres.

• En la bolsa de plástico lleva el conjunto de las tres cuerdas separadas y el conjunto de las tres cuerda atadas en círculo.

Realización

• Saque de la bolsa de plástico las tres cuerdas separadas y se las entrega a un espectador (fig. 2)

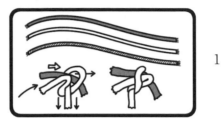

2

• Diga que en la bolsa hay también tres cuerdas anudadas entre sí.

• Pida al espectador que anude las tres cuerdas en el orden que quiera, una vez lo haya hecho, las mantenga en posición vertical para que todo el público pueda verlas.

• Ponga la mano dentro de la bolsa y coja el conjunto por el nudo que al deshacerlo permita que las cuerdas queden en el mismo orden.

• Con el pulgar deslice hacia afuera el nudo y una vez lo haya hecho saque las tres cuerdas anudadas, que estarán en el mismo orden que las del espectador (fig. 3)

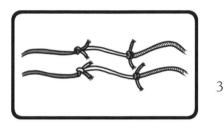

3

Las tres cuerdas desiguales

Efecto

• El mago muestra y da a examinar tres cuerdas de tamaños distintos. Una pequeña, otra mediana y otra larga.

• Junte las seis puntas de las cuerdas en una mano, el mago tira de las cuerdas y ahora son del mismo tamaño, las enseña una a una y vuelve a juntar las puntas en una mano y da una sacudida a las cuerdas que quedan otra vez con tamaños distintos.

Material necesario

☐ Tres pedazos de cuerda blanca suave de algodón.

Realización

• Para hacer este juego se precisan de tres cuerdas de diferentes tamaños, como muestra el dibujo.

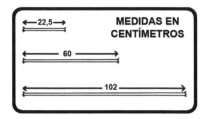

• Después de enseñar las cuerdas por separado, se colocan en la mano izquierda (fig. 1).

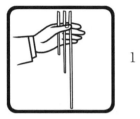

• En las ilustraciones siguientes se ha omitido el dibujo de la mano para una mayor claridad de la explicación. Con la mano derecha se toma el extremo inferior de la cuerda pequeña, se pasa por delante de las cuerdas que están colgando y se sujeta en la mano izquierda como muestra el dibujo (fig. 2).

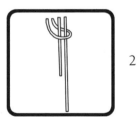

• Después la mano derecha coge el extremo inferior de la cuerda mediana y la sube a la mano izquierda situándola en el punto como muestra el dibujo (fig. 3).

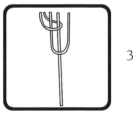

• Para terminar la mano derecha sube a la mano izquierda el extremo inferior de la cuerda larga y se coloca en el punto que muestra el dibujo (fig. 4).

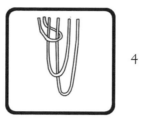

4

• Ahora la mano derecha toma los tres extremos que están a la derecha y la mano izquierda los que están a la izquierda.

• Se separan lentamente las manos, tirando de las cuerdas, y se verá que se van haciendo del mismo tamaño (fig. 5).

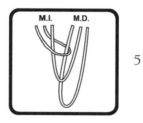

5

• La mano derecha suelta los extremos de las cuerdas y se verán colgando de la mano izquierda tres cuerdas iguales.

• Para contar las cuerdas, la mano derecha coge el extremo superior de la cuerda mediana, entre el índice y el pulgar, y tira de ella hacia la derecha (fig. 6) y se cuenta una.

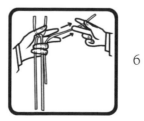

6

• La mano derecha vuelve a la izquierda para coger aparentemente la segunda cuerda pero el dedo medio se separa del índice formando una pinza.

• Al mismo tiempo, el índice izquierdo se dobla sobre las dos cuerdas que tiene, sujetándolas firmemente y así el pulgar izquierdo queda libre y separado de la mano formando otra pinza.

• Al juntarse las manos, la cuerda suelta que tiene la mano derecha entra en la pinza formada por el pulgar izquierdo y la mano y las puntas superiores de las dos cuerdas que tiene la mano izquierda entran en la pinza formada por los dedos índice y el medio de la mano derecha. (fig. 7)

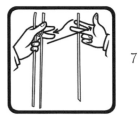

7

• Inmediatamente el pulgar izquierdo sujeta la cuerda que tiene la mano derecha y el dedo medio derecho sujeta las cuerdas que tiene la mano izquierda.

• El intercambio secreto de las cuerdas es inmediato y ambas manos se separan (fig. 8) diciendo dos.

8

• Antes de hacer este movimiento hay que pasar los dedos medio, anular y meñique de la mano izquierda entre los extremos colgando de las cuerdas que se tienen en la mano izquierda.

• De esta manera al separar las manos se verá como muestra el dibujo (fig. 8) o sea que una sola cuerda se separa de la mano izquierda quedando horizontal durante el movimiento, mientras la otra cuelga como si fuera la primera cuerda que se cogió.

• Ahora con la mano derecha tome la cuerda que tiene la mano izquierda de la misma manera que ha tomado las otras y diga tres.

• Para que las cuerdas vuelvan a tener el tamaño original. Pase las tres cuerdas a la mano izquierda (fig. 9). Si sube el extremo C a la izquierda como muestra el dibujo (fig. 10). Después se sube el extremo B como muestra el dibujo (fig. 11) y finalmente se sube el extremo A como muestra el dibujo (fig. 12).

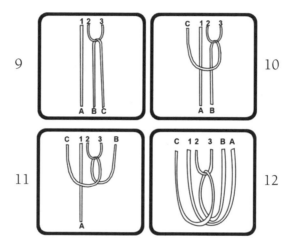

• El pulgar izquierdo pinza ahora los extremos C, 1 y 2 y sacudiendo la cuerda deje caer los otros tres.

• El efecto es la transformación de las tres cuerdas iguales al tamaño original (fig. 13).

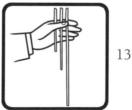

7

JUEGOS CON GOMAS

La goma saltarina

Efecto

• El mago coloca una tira de goma elástica alrededor de sus dedos índice y corazón (fig. A).

A

• Cierra ahora su mano en un puño (fig. B).

B

• Al abrir la mano la goma ha saltado mágicamente a sus dedos anular y meñique (fig. C).

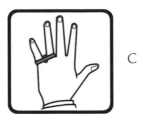

C

Realización

• Coloque un aro de goma alrededor de la base de sus dedos índice y corazón de la mano izquierda, si la goma queda demasiado suelta la pasa dos veces (fig. 1)

1

• Realice pruebas con diferentes gomas para ver la que mejor va. El dorso de su mano está dirigido hacia el público y la palma hacia usted.

• Cierre su mano izquierda en un puño, doblando los dedos hacia la palma. Al mismo tiempo procurando que no se vea, con el dedo índice de la mano derecha, estire la goma de manera que la punta de los cuatro dedos de la mano izquierda queden dentro de la goma (fig. 2).

2

- Así es como debe quedar (fig. 3).

3

- Ahora estire de golpe sus dedos y la goma saltará automáticamente a una nueva posición alrededor de los dedos anular y meñique (fig. 4).

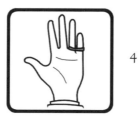

4

La goma saltarina inversa

Efecto

- El mago hace que la goma salte al revés, desde sus dedos anular y meñique a sus dedos índice y corazón.

Realización

- Simplemente invierta el proceso que empleó en el primer salto (fig. 1).

1

• Una vez la goma ha saltado a sus dedos anular y meñique, doble de nuevo su mano en un puño. Al hacerlo utilice el dedo índice de su mano derecha para estirar la goma (fig. 2).

2

• Otra manera de hacerlo es emplear el pulgar izquierdo para estirar la goma (fig. 3).

3

• Al cerrar la mano izquierda en un puño, introduzca secretamente las puntas de los cuatro dedos (fig. 4).

4

• Cuando extienda los dedos la goma saltará al revés de nuevo a los dedos índice y corazón (fig. 5) .

5

La goma doblemente saltarina I

Efecto

• Puede multiplicar el efecto de este juego haciendo que dos tiras de goma intercambien sus posiciones.

Realización

• Coloque una goma de color blanco (por ejemplo) alrededor de sus dedos índice y corazón. Coloque una segunda goma de otro color (azul) alrededor de sus dedos anular y meñique (fig. 1).

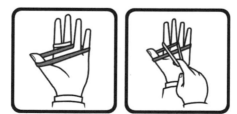

1

• Antes de cerrar la mano en un puño, introduzca su pulgar izquierdo y tire de la goma que está alrededor de los dedos anular y meñique (fig. 2).

• Luego emplee su dedo índice de la mano derecha para tirar de la goma que está alrededor de los dedos índice y corazón (fig. 3)

2  3

• Ahora sin que se vea introduzca las puntas de los cuatro dedos por dentro de las dos gomas, mientras cierra la mano. Los dedos de la mano izquierda se introducen por dentro de donde indica la flecha (fig. 4).

4

• Al mismo tiempo que introduce los dedos de la mano izquierda por el interior de las gomas, suelte las dos gomas de su pulgar izquierdo y del índice de su mano derecha (fig. 5).

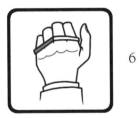

5

• Llame la atención de los espectadores sobre el hecho de que la goma blanca está alrededor de sus dedos índice y corazón que la goma azul está entre sus dedos anular y meñique (fig. 6).

6

• Ahora simplemente estire los dedos, las gomas saltarán a los dedos contiguos. (fig. 7).

7

La goma doblemente saltarina II

Efecto

• El efecto es el mismo que la goma doblemente saltarina, pero el método empleado es ligeramente diferente.

Realización

• Coloque los dos aros de goma entre sus dedos como en el efecto anterior (fig. 1).

1

• Con el dedo índice de su mano derecha pellizque ambas gomas (fig. 2).

2

• A continuación inserte su dedo índice de la mano derecha por el interior del cruce entre gomas, abriendo un bucle con la ayuda de los dedos de la mano derecha (fig. 3).

3

• Doble su mano izquierda en un puño insertando la punta de los dedos izquierdos dentro del bucle formado por los dedos de la mano derecha (fig. 4).

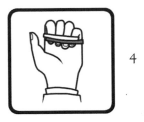

4

• Simplemente estire los dedos de la forma habitual intercambiando las gomas de sus posiciones (fig. 5).

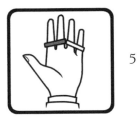

5

El desafío de la goma saltarina

Efecto

• Puede utilizarse como una continuación de la goma saltarían normal o la doble.

• Diga que lo va a poner más difícil para su goma, pasará por la punta de todos los dedos de su mano izquierda, uno por uno, con otra goma.

Realización

• Coloque la goma adicional alrededor de la punta de sus dedos de la mano izquierda (fig. 1)

 1

• Proceda ahora de la misma manera que hizo antes: doble su mano en un puño introduciendo la punta de sus dedos dentro de la goma que saltará. Estire sus dedos y la goma saltará como antes.

MENTALISMO

El tacto y los colores

Efecto

• El mago adivina, sin mirar, el color con que se ha dibujado una cruz en un papel.

Preparación

• Tenga una colección de lápices de colores, de buena calidad, y de colores vivos y que se diferencien entre sí.

• Coja una hoja, tamaño cuartilla, de buen papel y que no sea transparente, la pliega y la corta tres veces, tendrá ocho pedazos rectangulares.

• Con estos papeles y los lápices de colores va a demostrar el poder del tacto.

Presentación

• Pida la ayuda de un espectador y le indica lo que debe hacer. Que tome un pedazo de papel y con uno de los lápices de colores, dibuje una cruz (fig. 1).

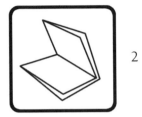

- Doble después dos veces el papel con la cruz en su interior (fig. 2).

- Una vez ha mostrado lo que quiere que el espectador haga, rompa el pedazo de papel donde ha dibujado la cruz.

- Tome otro papel y se lo entrega al espectador junto con los lápices, pidiéndolo que haga lo mismo eligiendo el color del lápiz que quiera.

- El mago se gira de espaldas para no ver la acción que hace el espectador.

- Cuando este dice que ha finalizado y que ya tiene el papel plegado, sin girarse lleva la mano derecha a la espalda, quedando a la vista del público y pida al espectador que ponga en ella el papel plegado.

- El mago se vuelve cara al público, pero siempre con la mano derecha y el papel en la espalda.

- El mago dice que va a desplegar el papel a ciegas, para con el poder táctil del dedo pulgar conocer qué color ha elegido el espectador para dibujar la cruz.

- La mano izquierda va con naturalidad a ayudar a desplegar el papel, y una vez desplegado vuelve la mano izquierda a la vista del público.

- El mago simula concentrarse, pudiendo llevar la mano izquierda a la frente a fin de concentrarse mejor. Al cabo de unos instantes anuncia el color de la cruz.

- Diga que va a volver a plegar el papel, la mano izquierda ayuda en esta operación y finalmente entrega el papel plegado al espectador para que lo muestre al público y demostrar que se ha acertado con el color.

- Si quiere puede repetir el juego con otro papel y otro espectador.

Realización

- Cuando la mano izquierda va a ayudar a la derecha para desplegar el papel (según lo dicho en la presentación) lo que realmente hace es desplegar el papel y volverlo a plegar, con la ayuda de ambas manos, en sentido inverso, con lo cual un tramo de la cruz quedará a la vista en la cara exterior del paquetito (fig. 3).

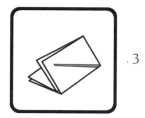

.3

- Sin perder tiempo, coloque el papel plegado entre la muñeca izquierda y la correa del reloj en el lado del pulso (fig. 4).

4

- Luego saque indiferentemente la mano izquierda delante, como si ya no fuere necesaria su ayuda y siempre con la mano derecha detrás como si fingiese distinguir el color.

- Podrá conocer el color, dando una rápida ojeada, al papel que tiene en la muñeca.

- Diga en voz alta el color y después vuelva la mano izquierda detrás de la espalda como para ayudar a plegar el papel. Lo que realmente hace es sacar el papel y volverlo a plegar en su forma original para entregarlo al espectador y compruebe que el color que se ha dicho corresponde con el color de la cruz.

• El brazo izquierdo llevando el papel, debe moverse con naturalidad, teniendo precaución de que no se vea. Al colocar la mano izquierda sobre su frente en actitud de concentrase, puede ser un buen momento para conocer el color.

La predicción del dominó

Efecto

• El mago predice como acabará una partida de dominó.

Realización

• Antes de empezar y sin que nadie lo sepa, quite y guarde en su bolsillo una ficha cualquiera, que no sea un doble, supongamos que es un 3-6, dejando un hueco en la 2ª o 3ª fila dentro del estuche.

• De esta manera la fila superior es de 7 fichas y todo parece normal. Al volcar el estuche, la fila superior, o sea la que era la 4ª fila también estará completa.

• El mago vacía todo un estuche de fichas de dominó encima de la mesa.

• Se han echado, pues, las 27 fichas y se pide a un espectador que las mezcle de la forma clásica que se utiliza en el dominó.

• Pida que las vuelva cara hacia arriba encima de la mesa. Diga que va a hacer una predicción.

• Escriba en un papel lo siguiente «la partida quedará con un 3 en un final y un 6 en el otro».

• Escríbalo sin que nadie lo vea, doble el papel y déjelo aparte.

• Pida ahora al espectador que coloque una ficha cualquiera encima de la mesa y que vaya cogiendo las demás fichas y las coloque como si estuviese jugando una partida, cazando los puntos, el 4 con el 4, blanca con blanca, hasta agotar todas las fichas.

• Meta un poco de prisa al espectador, diciéndole que se guie por la intuición, no por la reflexión. Esta hará que no se fije en que falta una ficha.

• Cuando termine, haga lo que haga, quedará siempre un 3 en un extremo y un 6 en el otro.

• Pida que se fije en los números que el azar y la intuición han hecho que queden en los extremos.

• Pida que lea la predicción y coincidirá.

• Mientras despliegan y leen en voz alta la predicción, coja el lápiz con el que la escribió y que dejó encima de la mesa y guárdelo en el bolsillo donde había puesto la ficha que había sacado al principio.

• Tome la ficha cara hacia arriba en la mano, con los dedos medio cerrados ocultándola y mueva la mano para mezclar de nuevo las fichas, añadiendo de esta forma la ficha que faltaba por si a alguien se le ocurre contarlas.

Mensaje en el humo

Efecto

• El mago entrega a un espectador un papel y un sobre, le pide que escriba un mensaje, el nombre de una persona, una pregunta, lo que quiera, después de haberlo hecho coloca el papel dentro del sobre lo cierra y se lo entrega al mago.

• Este deposita el sobre en una pequeña bandeja metálica, lo rocía con gasolina y le prende fuego. El mago comenta que a través del humo puede conocer lo que está escrito en el papel. Una vez se ha consumido todo el sobre y el fuego se ha apagado, el mago revela lo que había escrito en el papel.

Material necesario

☐ Un papel o tarjeta de visita para que el espectador pueda escribir su mensaje.

☐ Un sobre que se pueda cerrar.

☐ Un frasco de gasolina, como los que se vendes en los estancos para recargar mecheros.

☐ Un pequeño plato o bandeja metálica.

Realización

• La presentación o la rutina es opcional, cada uno puede inventarse la que más se adapte al tipo de actuación.

• Para conocer el mensaje escrito es fácil. Haga que coloquen la tarjeta o papel, sin plegar, dentro del sobre y lo cierren.

• Ponga el sobre en el plato metálico, lo rocía con la gasolina, esto hará que se queme deprisa, pero después de rociarlo, al cabo de pocos segundos hará que el sobre se vuelva trasparente y podrá leer el mensaje (fig. 1).

1

• Encienda el sobre y mientras arde simule leer a través del humo el mensaje o pregunta, cuando se apague, revele el mensaje de la forma que usted prefiera.

Observaciones:

• Antes de presentarlo, experimente con diferentes tipos de sobre, para encontrar el más adecuado y que se vuelva transparente.

• Para conocer en qué cara del papel hay el mensaje escrito, cuando coloque el papel en el plato metálico y lo rocíe de gasolina, si no aparece el mensaje, es que está escrito por la otra cara.

• Entonces tome el sobre y diga que quiere que se queme rápido y le da la vuelta y lo vuelve a colocar en el plato y lo rocía.

• Es mejor hacer el juego con una tarjeta de visita, ya que al ser un poco más gruesa que un papel, impide que el espectador la doble para colocarla dentro del sobre.

Transmisión mental de una carta

Efecto

• El mago empieza diciendo que como es un efecto puramente mental, necesita aislarse completamente y pide a un espectador que con un pañuelo le vende los ojos y así conseguir una mejor concentración.

• El mago le entrega una baraja y le pide que la mezcle y una vez lo haya hecho que tome, quince, veinte o veinticinco cartas, con las cuales se va a hacer el juego.

• El mago toma estas cartas y dice que ignora cuántas hay y que no tiene conocimiento de su posición. Le pide al espectador que a medida que le vaya enseñando cartas el espectador vaya numerándolas mentalmente y que cuando quiera se fije en una de ellas, con lo cual sabrá además de la carta el número que esta ocupa en el paquete entregado.

• Ambas cosas las debe de recordar bien el espectador hasta el final del número.

• El espectador no dirá tampoco cuándo ha pensado la carta; debe dejar que el mago enseñe todas las cartas del paquete. Esto es importante, si no sabría el lugar que ocupa la carta pensada.

• El mago le dice al espectador que con el fin de ayudarle mentalmente, debe «materializar» el número que ocupaba su carta en el paquete.

• Le entrega el paquete de cartas y le pide que pase de la parte de arriba a la parte de debajo tantas cartas como el número que ocupaba la carta pensada.

• Es decir si la carta pensada es la segunda, pasará dos cartas de arriba abajo, si es la décima, pasará diez cartas de arriba abajo, esto puede hacerlo contándolas de una en una o todas juntas.

• Una vez se ha hecho todo esto el mago, que sigue con los ojos vendados, toma el paquete de cartas, las va tirando una a una sobre la mesa y al llegar a cierta carta, se para, les pide al espectador que diga en voz alta su carta y el mago gira la carta que en este momento tiene en la mano y es la misma.

Material necesario

❑ Una baraja de cartas

Realización

• Veamos ahora cómo el mago procede a enseñar las cartas, remitiéndonos al principio del juego cuando recibe el paquete de cartas del espectador.

• Cuando el mago recibe las cartas mezcladas por el espectador, las coge con la mano izquierda cara hacia abajo y con la mano derecha toma la primera carta, la que está arriba del paquete, y la enseña al espectador tomándola por el lomo; la siguiente tapará esta y mostrará la cara de la carta al espectador, es decir, pasará las cartas de la mano izquierda a la derecha sin cambiar el orden en el que estaban cuando el espectador le entregó el paquete.

• Cuando el mago ha pasado ocho o nueve cartas, no importa el número exacto, deja, como para mayor comodidad, encima de la mesa todas la que había enseñado y pasado a la mano derecha y sigue mostrando cartas, pero atención, ahora ha de contar en secreto y mentalmente, el número de cartas que le han quedado en la mano izquierda, porque en esto reside el secreto del juego, y cuando haya mostrado todas las que le quedaban, las colocará encima de las que había dejado primeramente encima de la mesa. Coja todas la cartas, las cuadra, y se las entrega al espectador.

• Pídale que pase tantas cartas de arriba abajo como el número de orden que ocupaba la carta que pensó.

• El mago, con los ojos vendados, toma el paquete de cartas, va dejando sobre la mesa cartas una a una, tomándolas de la parte de arriba del paquete.

• Solo se ha de ir contando cartas hasta llegar al número que anteriormente se contó, en secreto y esta será la carta elegida por el espectador.

• Se le pide que la nombre en voz alta y el mago gira la carta que en este momento tiene en la mano y es la misma.

Visión nocturna

Efecto

• Se pide la colaboración de cuatro personas, se les entrega unas tarjetas y se les pide que escriban en ellas su nombre y que las pongan dentro de un sobre que les entrega el mago, por comodidad no es necesario cerrar los sobres. Se pide a otra persona que los recoja y los mezcle.

• Si no disponen de tarjetas, puede usted llevar preparados pedazos de papel para que escriban su nombre.

• Diga que va a apagar las luces y que en medio de la más absoluta oscuridad, será capaz de leer las tarjetas.

• La persona que ha mezclado los sobres los entrega al mago, se apaga la luz.

• Llamemos A, B, C, D respectivamente a los espectadores que han puesto sus tarjetas.

• Al cabo de un momento se oye la voz del mago que dice: «Retiro primero las tarjetas de los sobres. Las tengo en mis manos y las veo y en prueba de ello dejo esta que es del señor (diga el nombre de la persona A) encima de la mesa; esta del señor (diga el nombre del espectador B) la dejo encima de la silla; la del señor C la dejo en el suelo y la última la del señor D la pongo dentro del bolsillo».

• Pide que enciendan la luz y se comprueba que las tarjetas están el mismo sitio que había dicho.

Realización

• El secreto reside en los sobres. Tres de ellos llevan una marca táctil, que se hace de la siguiente manera. Coloque el sobre encima de una superficie plana no dura, el lado de la solapa hacia arriba, pínchelo con una aguja. En la parte opuesta aparecerá un punto rugoso muy distinguible al tacto.

• Marque de esta manera tres sobres cerca de su borde interior; uno estará pinchado a la izquierda, otro en el centro y el tercero a la derecha (fig. 1).

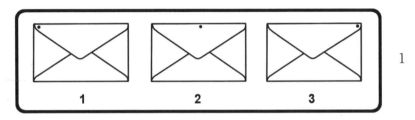

1

• Numérelos mentalmente según la posición de las marcas como está indicado en el dibujo. Ponga estos sobres encima de un paquete de sobres no marcados.

• En la ejecución, debe numerar también, mentalmente, las cuatro personas que presten sus tarjetas.

• Al primero le entregará el sobre 1 según la marca; al segundo el sobre 2; al tercero el tres y por último al cuarto el sobre sin marca.

• Debe igualmente localizar bien y recordar el orden de los sitios donde va a dejar las tarjetas; mesa, silla, suelo y bolsillo.

• El resto ya se comprende y es cuestión de práctica. La marca de los sobres es fácilmente identificable con el tacto, con lo cual ya sabe que tarjeta está dentro.

• Al final antes de abrir la luz guarde los sobres en su bolsillo.

Vivos o muertos

Efecto

• El mago entrega a varios espectadores unos pedazos de papel en blanco y pide que escriban el nombre de una persona célebre y bien conocida por todos, para que se pueda saber si están vivos o muertos.

• Una vez hayan escrito el nombre se les pide que doblen el papel de forma que no se pueda leer lo que está escrito.

• El mago pasa por el público, con un sombrero u otro recipiente parecido y pide que vayan poniendo los papeles dentro.

• El mago coge un papel y después de pasarlo doblado por su frente, va adivinando el nombre del personaje que está escrito, y para comprobarlo desdobla el papel y lee en voz alta su contenido.

Material necesario

❐ Unos pedazos de papel en blanco.

❐ Un sombrero o recipiente adecuado.

❐ Unos bolígrafos.

Realización

• Antes de empezar se escribe en un papel igual a los que se van a repartir, el nombre de un personaje célebre, vivo o muerto, para el caso es igual, y se deja en un lugar fácil de coger en un momento determinado, por ejemplo en un bolsillo del pantalón o chaqueta. El nombre del personaje puede ser Picasso.

• El mago entrega a los espectadores ocho o nueve papeles en blanco iguales al que tiene escrito para que escriban el nombre de un personaje célebre, vivo o muerto.

• Cuando los espectadores han escrito el nombre y doblado el papel, el mago pasa y les pide que lo depositen dentro del sombrero, mientras hace esto es fácil poner la mano en el bolsillo y coger el papel que antes se había escrito y tenerlo oculto en la mano.

• Una vez los espectadores han depositado todos los papeles en el sombrero y con la excusa de mezclarlos, ponga su mano, la que lleva escondida el papel y mezcle los papeles teniendo en cuenta de no dejar el papel hasta que no termine de mezclarlos.

• Dejará el papel escrito en un lugar del sombrero para que no se mezcle con los otros.

• Ponga la mano dentro del sombrero y saque uno de los papeles escritos por los espectadores, después de pasarlo por su frente y dirá: «muerto». Lo desdoblará y dirá Picasso, haciendo ver que lee, pero realmente lo que hace es leer para sí lo que está escrito en el papel, por ejemplo Madona. Entonces dejará el papel encima de la mesa y sacará otro, se lo pasará por su frente y dirá: «vivo». Desdoblará el papel y dirá «Madona», pero como antes lo que hará es leer el nombre que está escrito en el papel, por ejemplo «Napoleón». Saca otro papel, se lo pasa por la frente y dice: «muerto», lo desdobla y dice «Napoleón», y así sucesivamente y al coger el último papel que será el escrito por nosotros con el nombre de Picasso, diremos «muerto», lo desdoblaremos y leeremos el nombre que había en el último papel.

• Se pide a un espectador que se acerque al lugar donde está la mesa con los papeles y que vaya leyendo en voz alta el nombre que aparece en cada uno de ellos.

9

JUEGOS CON PAÑUELOS

Extraña sorpresa

Efecto

- El mago presenta a dos espectadores tres sobres cerrados, en cada uno de los cuales hay un pañuelo de color diferente: uno rojo, en otro verde y en el último blanco.

- Elegirán, libremente, un sobre cada uno de ellos y dejarán para el mago el restante.

- El mago entrega a cada espectador un grupo de pañuelos (rojo, verde y blanco) y se queda un grupo para él. Los colores de estos pañuelos corresponden a los que hay dentro de los sobres.

- Pide a cada espectador que elimine libremente dos pañuelos y se quede solamente con uno. Cuando se abren los sobres, se descubre con gran sorpresa que el pañuelo que contiene es igual al que cada cual retenía en la mano.

Preparación

- En cada uno de los sobres se hará una imperceptible señal, de modo que, al instante de ser elegidos, debe saber qué pañuelo contiene cada uno.

Realización

• Supongamos que el sobre del espectador A contiene el pañuelo blanco y el del espectador B el pañuelo verde. El suyo contendrá, pues, el rojo (fig. 1).

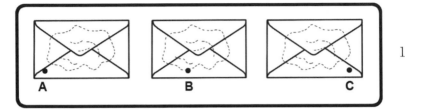

1

• La eliminación de dos pañuelos de entre los tres entregados solo es libre en apariencia, ya que, en realidad, obedece a las siguientes reglas.

a) Recuerde cuál es el pañuelo contenido en su sobre (el rojo) y dirigiéndose al espectador A le pide quede entre sus pañuelos elimine uno cualquiera, por ejemplo el rojo.

• No conociendo el espectador en qué consiste el juego no tendrá ninguna dificultad para que elimine el que le sugiere.

b) A continuación elimine usted uno de sus pañuelos. Eligiendo el que se encuentra dentro del sobre del espectador B, o sea el verde.

c) Al espectador B le pide que elimine uno, pero que sea diferente a los que habéis eliminado vosotros (rojo y verde), con lo cual no le queda más que eliminar que el blanco.

• En este momento el espectador A tiene un pañuelo verde y uno blanco; el espectador B tiene uno rojo y uno verde; y usted tiene uno blanco y uno rojo.

d) Para la eliminación del segundo pañuelo empiece usted retirando el blanco que es el que contiene el sobre del espectador A.

• Diríjase al espectador A y pídale que elimine un pañuelo distinto al suyo, o sea el verde.

• Diríjase ahora al espectador B y pídale que elimine un pañuelo diferente al suyo y al del espectador A, que será el rojo.

• De este modo queda en las manos del espectador A el pañuelo blanco, en manos del B el verde y en las suyas el rojo.

• Cada uno encontrará un pañuelo igual dentro de su sobre.

La fuga del pañuelo

Efecto

• El mago enseña un vaso de cristal y coloca en su interior un pañuelo, lo cubre con otro pañuelo y coloca una goma alrededor de este y el vaso para impedir que salga el pañuelo que ha colocado dentro.

• Introduce su mano por debajo del pañuelo y saca mágicamente el pañuelo que había colocado dentro del vaso.

• Retira el aro de goma y el segundo pañuelo y muestra el vaso vacío.

Realización

• Tome el vaso con su mano derecha y lo muestra (fig. 1). Con la ayuda de su mano izquierda coloque un pañuelo dentro del vaso (fig. 2).

1   2

• Tome con su mano izquierda un segundo pañuelo lo enseña y lo coloca por delante del vaso (fig. 3).

• Cuando el vaso esté fuera de la vista del público deje que pivote entre sus dedos para quedar girado con la abertura hacia abajo (fig. 4).

3   4

- Una vez haya girado termine de cubrirlo con el pañuelo (fig. 5) y con la mano izquierda sujete todo el conjunto (fig. 6 y 7).

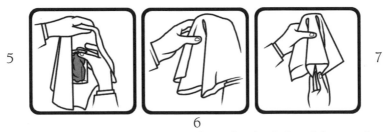

5   7

6

- Tome ahora un aro de goma y colóquelo alrededor del pañuelo y el vaso, el público creerá que coloca el aro de goma en la boca del vaso (fig. 8).

8

- Enseñe su mano derecha vacía e introdúzcala debajo del pañuelo que cubre el vaso y tome el pañuelo que está dentro y sáquelo fuera (fig. 9).

9

• Vuelva a introducir su mano derecha por debajo del pañuelo y sujete el vaso (fig. 10).

10

• Con la mano izquierda tome la parte superior del pañuelo y tire de él, al mismo tiempo y antes de que los espectadores puedan ver el vaso, dele la vuelta (fig. 11).

11

• Cuando el vaso esté boca arriba lo saca de debajo el pañuelo. Ahora puede dar a examinar todos los elementos, el público creerá que el pañuelo ha pasado a través del vaso (fig. 12)

12

La cerilla rota y recompuesta

Efecto

• El mago enseña una cerilla de madera, de las que se utilizan en la cocina, saca un pañuelo de bolsillo y lo extiende sobre la mesa, pide al espectador que ponga la cerilla en medio. El mago pliega las cuatro esquinas de pañuelo sobre la cerilla, dejándola cubierta en el centro.

• Pide a un espectador que coja la cerilla a través de los pliegues del pañuelo y la rompa.

• El mago despliega el pañuelo y en el centro se ve la cerilla completamente entera.

Preparación

• Se precisa un pañuelo que tenga una costura ancha en la que se ocultará una cerilla, para ello inserte una cerilla en una de las esquinas del pañuelo fig. A, quedando oculta a la vista de los espectadores.

• Se ha marcado cada esquina del pañuelo con las letras A, B, C y D, la cerilla debe quedar en el extremo A.

Realización

• Entregue una caja de cerillas a un espectador y pídale que coja una, mientras la busca saque el pañuelo y póngalo abierto encima de la mesa, la esquina A que oculta la cerilla, debe quedar en la parte inferior derecha (fig. 1).

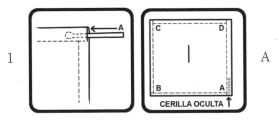

• Tome la cerilla de espectador y colóquela en el centro del pañuelo en la misma dirección que la cerilla oculta.

• Doble la esquina A del pañuelo hacia el centro, procure que la cerilla oculta quede perpendicularmente a la cerilla que está en el centro del pañuelo, de esta manera podrá identificar cada cerilla (fig. 2).

• Doble la equina C sobre la cerilla que hay en el centro del pañuelo y por encima de la esquina A, doble la esquina B sobre las esquina A y C (fig. 3 y 4).

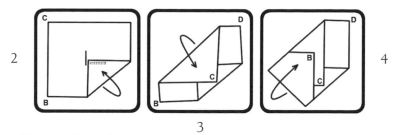

• Doble por último la esquina D sobre las esquinas A, B y C (fig. 5).

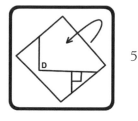

• Tome la cerilla oculta a través de los pliegues del pañuelo (fig. 6).

• Entregue la cerilla al espectador y pídale que la rompa en varios pedazos a través de la tela del pañuelo (fig. 7 y 8).

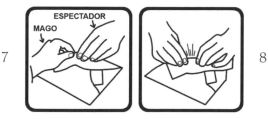

• Cuando el espectador está convencido de que ha roto la cerilla, pídale que la deje, entonces el mago lentamente desdobla el pañuelo, viéndose en el centro la cerilla entera (fig. 9 y 10).

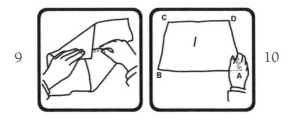

• Entregue la cerilla al espectador para que compruebe que está entera y usted guárdese, sin darle importancia, el pañuelo en el bolsillo.

Los tres cubiletes

Efecto

• El mago muestra tres cubiletes. Dentro del primero hay un pañuelo rojo; en el segundo un pañuelo blanco y en el tercero un pañuelo verde.

• Apila los tres cubiletes, uno dentro del otro; finalmente saca del cubilete superior el pañuelo verde, tras el cual seguirán, perfectamente anudados el pañuelo blanco y el rojo.

• Separe los tres cubiletes y muestre su interior vacío.

Material necesario

❑ Cinco vasos de plástico desechables, actualmente en el mercado hay de diferentes medidas y colores.

❑ Cinco pañuelos de seda.

Preparación

• El primer cubilete es doble, es decir, consta de dos cubiletes, uno dentro del otro, el exterior sin reborde y el interior con él (con un cúter es fácil cortarlo).

• También el segundo es doble pero con la diferencia de que el exterior tiene reborde y el interior no. El tercer cubilete es sencillo.

• El pañuelo verde que se introduce en el cubilete sencillo, lleva plegado, tras una de sus esquinas, otros dos pañuelos, uno blanco y otro rojo
atados los tres en cadena. (fig. 1).

1

• Ponga dentro de cada uno de los otros dos cubiletes un pañuelo de
diferente color al que se ve en el cubilete que lleva los tres pañuelos.

Realización

• Muestre los tres cubiletes con un pañuelo de diferente color dentro
de cada uno, solo debe sacarlos hasta la mitad, para que no se vean los
pañuelos anudados que lleva el verde.

• Encaje los tres cubiletes uno dentro del otro y saque del superior la
punta del pañuelo verde opuesta a la que lleva atados los otros dos pañuelos (fig. 2).

2

• El pañuelo verde se desplegará y debajo de él colgarán los pañuelos
blanco y rojo.

• Muestre el interior del cubilete de arriba, donde estaba el pañuelo
verde, que está vacío, finja sacarlos de los otros dos; en realidad saca
también junto con este el segundo, llevándose oculto, entre los dos cubiletes, el pañuelo blanco.

• Muestre el interior vacío del segundo cubilete (en realidad el tercero)
y después retírelo, pero junto con el cuarto, de modo que entre los dos

se lleva oculto el pañuelo rojo. Finalmente muestre el último cubilete y haga constar que también está vacío. (fig. 3)

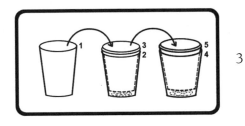

3

JUEGOS CON PAPELES

Doble cruz

Efecto

• Una hoja de papel se rompe en dos. Las dos partes se juntan y se vuelven a romper. Esto se repite hasta que el mago tiene ocho trozos.

• Se colocan encima de la mesa en dos montones, cuatro pedazos en cada uno, se pide a un espectador que elija uno de los montones.

• Una vez lo ha hecho, el mago coge el montón y se lo pone en la mano del espectador pidiéndole que la cierre.

• El mago dibuja con un lápiz una cruz en cada una de las caras de los papeles que han quedado encima de la mesa. Los coge y los deposita en un cenicero y les prende fuego.

• Una vez se han quemado, se pide al espectador que pase su mano cerrada por encima de los papeles quemados. Cuando el espectador abre su mano, aparecen los papeles con una cruz dibujada en cada uno.

Material necesario

❏ Una hoja de papel de unos siete por quince centímetros. El papel debe ser lo suficientemente opaco para que la marca del lápiz que se hace por una parte, no se vea por la otra.

- ❏ Un lápiz.
- ❏ Un cenicero.
- ❏ Cerillas.

Realización

• Dibuje cuatro cruces en la media parte izquierda de la hoja (fig. 1). La parte punteada que aparece en la ilustración es solo para indicar la colocación de las cruces cuando el papel se rompa por donde está punteado.

• En la hoja de papel que utilice no habrá ningún punteado, esto es solo para ayudarle a visualizar mejor las cuatro piezas por donde debe romper el papel.

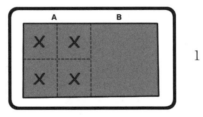

1

• El público no debe ver las cruces hasta el momento final del juego. Coloque la hoja de papel en su bolsillo el cenicero encima de la mesa y la caja de cerillas en el otro bolsillo.

• Tome la hoja de papel del bolsillo, enséñelo por la parte delantera, cuidando que no se vean las cruces que hay detrás.

• Rompa el papel en dos partes (fig. 2). Ponga la parte B detrás de la parte A y gire el conjunto para que la parte B quede cara hacia el público (fig. 3), esto da la impresión que se han enseñado las hojas por ambas partes.

2
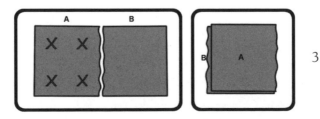
3

• Las cruces están cara al público pero en la parte interior, con lo cual no son visibles para este.

• Rompa el papel otra vez por la mitad (fig. 4). Ponga los pedazos de su mano derecha detrás de los de la mano izquierda. Rómpalos otra vez (fig. 5) y ponga otra vez los pedazos de su mano derecha detrás de los que hay en la mano izquierda.

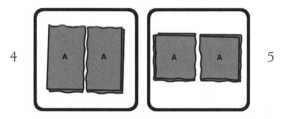

• Ponga los papeles, uno a uno, sobre la mesa en dos montones, de forma que los papeles A que tienen la cruz detrás queden todos en un montón y los papeles B que están en blanco en otro montón.(fig. 6).

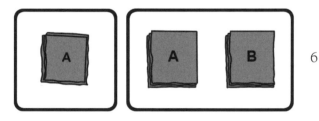

• Tenga cuidado de que cuando vaya haciendo los montones, no levante demasiado los papeles pera que el público no vea las cruces.

• Pida a un espectador que le indique un montón, si elige el A, que es el que tiene las cruces, lo toma con el dedo pulgar encima y los demás dedos tapando la cruz, (fig. 7) gire el paquete y se lo coloca en la palma de la mano (fig. 8).

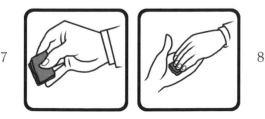

• Sus dedos cubren la cruz y cuando se le pide que cierre su mano, vaya retirando la mano de forma que no se vea la cruz (fig. 9).

9

• Si le indica el montón B, dice que este es el que se va a utilizar y le da a guardar el montón A.

• Tome un lápiz y dibuje en cada uno de los papeles del montón B una cruz, los deposita en el cenicero y con una cerilla les prende fuego (fig. 10).

10

• Deje que se quemen y cuando ya solo humean, diga al espectador que pase la mano en la que tiene los papeles por encima del cenicero.

• Le pide que abra la mano y se verá que todos los papeles también tienen una cruz (fig. 11).

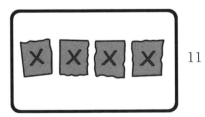

11

El papel quemado y recompuesto

Efecto

• El mago enseña una tira de papel de seda. Le prende fuego con una cerilla y al juntar las manos para recoger las cenizas, que están por el aire, aparece entera y recompuesta.

Preparación

• Coja una caja de cerilla de las de cajoncillo y ábrala hasta la mitad. Pliegue una tira de papel de seda en acordeón e introdúzcala en la funda de la caja de cerillas, en la mitad hueca por estar abierto el cajoncillo (fig. 1).

1

PAPEL DE SEDA
PLEGADO

• Deje la caja de cerillas sobre la mesa, con el lado de la cinta oculta hacia usted.

• Coja la otra tira de papel, idéntica a la que esta oculta en la caja de cerillas y la pone encima de esta.

Realización

• Muestre sus manos vacías, coja la tira de papel la muestra a los espectadores.

• Pase la tira de papel a través de la mano izquierda y arrúguela (fig. 2).

• Una vez la ha arrugado la deja encima de la mesa y coge la caja de cerillas como muestra la figura 3. Saque una cerilla con la mano derecha y empuje el cajoncillo para cerrar la caja. El cajoncillo empujará la tira de papel oculta y caerá en la palma de la mano izquierda.

• Encienda la cerilla y manténgala en la mano derecha. La mano izquierda deja la caja de cerillas encima de la mesa, pero manteniendo oculta la tira de papel plegada, coja con esta mano la tira de papel que está a la vista y la arruga.

• Préndale fuego con la cerilla que tiene en la mano derecha.

• Notará que depende del papel de seda que utilice, las cenizas suben más o menos por el aire, manteniéndose flotando unos instantes. Apague la cerilla de la mano derecha.

• Junte ambas manos en el aire como cogiendo las cenizas, que todavía están flotando.

• En realidad lo que hace es sujetar un extremo de la tira duplicada, plegada en acordeón, con la mano derecha y el otro extremo con la mano izquierda.

• Separe rápidamente las manos y aparecerá la cinta de papel de seda que parecerá haberse recompuesto (fig. 4).

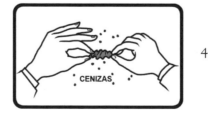

MISCELÁNEA MÁGICA

Agua en el sombrero

Efecto

• El mago habla de poner agua dentro de un vaso de papel, por error pone el agua dentro de un sombrero que ha pedido prestado de un espectador.

• Cuando se da cuenta del error, pone el vaso de papel dentro del sombrero y al sacarlo está lleno de agua que vacía en otro vaso, devolviendo el sombrero al espectador.

Material necesario

☐ Un vaso de papel especial. Se fabrica con dos vasos a uno de los cuales, con la ayuda de unas tijeras, se le quita el reborde de la parte superior A (fig. 1).

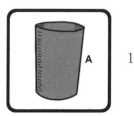

1

☐ Al otro vaso se le quita el fondo B (fig. 2).

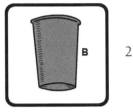

☐ El vaso B se puede poner en el interior del vaso A (fig. 3).

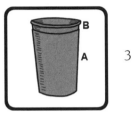

☐ Los dos juntos tienen la apariencia de un solo vaso.

☐ Un sombrero que se pide prestado a una persona del público o bien lo lleva el mago y lo da a examinar.

Preparación

• Coloque el vaso preparado en la mesa y junto a él un vaso grande lleno de agua.

Realización

• Pida prestado un sombrero a una persona del público. Sosténgalo en la mano izquierda con la abertura hacia arriba. Tome el vaso de papel preparado y lo enseña de forma casual, para que el público pueda ver que está vacío.

• Tome el vaso preparado y lo coloca dentro del sombrero, diga que invisiblemente lo va a hacer pasar a través del sombrero. Simule tomar el vaso, en realidad no lo coge, haga ver que lo enseña y simule empujarlo a través de la parte inferior del sombrero para hacerlo pasar a su interior, busque dentro del sombrero y saque el vaso B, dejando dentro el A (fig. 4).

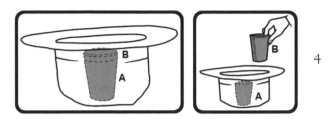

- Esto no crea ninguna sospecha en el público ya que cree que es un gag de la presentación.

- Ponga el sombrero boca arriba encima de la mesa.

- Coja el vaso con la mano izquierda, teniendo precaución de que no se vea que tiene fondo.

- Vierta el agua del vaso grande dentro del sombrero teniendo precaución que caiga dentro del vaso A (fig. 5).

- Diga que se ha equivocado y que lo que quería hacer era poner al agua dentro del vaso B. Pero que lo va a solucionar, coloque el vaso B dentro del vaso A que hay en el sombrero y sáquelos los dos juntos como si fuere uno (fig. 6).

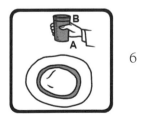

- Al no tener fondo el vaso B, encajará dentro del vaso A y entonces podrá verter otra vez el agua dentro del vaso.

- Devuelva el sombrero al espectador para que compruebe que está completamente seco.

El caramelo que desaparece

Efecto

• Un caramelo se coloca visiblemente dentro de una pequeña bolsa de papel, se hacen unos pases mágicos y se rompe la bolsa, demostrando que el caramelo ha desaparecido, si se desea se puede dar a examinar los pedazos de papel de la bolsa.

Realización

• Antes de empezar el juego y sin que nadie lo vea, se ata un caramelo pequeño, tipo piruleta, a un extremo de una goma elástica de unos 40 cm. de longitud.

• En el otro extremo de la goma se ata una aguja imperdible. La goma con el caramelo se hace pasar por el interior de la mango sujetando un extremo por medio de la aguja imperdible a la altura del hombro (fig. 1).

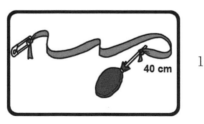

1

• El caramelo se hace salir por la manga y se sostiene con la mano con la goma tensada (fig. 2).

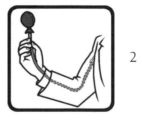

2

• Se enseña el caramelo al público y se simula colocarlo dentro de la bolsa, realmente cuando el caramelo está dentro de la bolsa, la mano lo suelta, con lo cual y debido a la presión de la goma, el caramelo sube por el interior de la manga.

• El truco ya está hecho, se realizan unos pases mágicos y se rompe la bolsa demostrando que el caramelo ha desaparecido.

El cucurucho mágico

Efecto

• El mago muestra unas hojas de periódico con las cuales hace un cucurucho, introduce un pañuelo dentro y después de unos pases mágicos abre la hoja mostrando que el pañuelo ha desparecido.

Preparación

• Coja dos hojas de periódico iguales, las superpone y mire que queden bien cuadradas, uno de los bordes largos debe quedar lo más cerca de usted (fig. A).

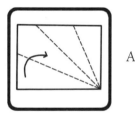

A

• Realice un pliegue de las dos hojas como muestra la figura B.

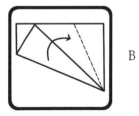

B

• Realice un segundo pliegue siguiendo la fila de puntos como se indica en la fig. C.

• Realice un tercer pliegue como muestra la fig. D, ahora las hojas deben parecerse al dibujo.

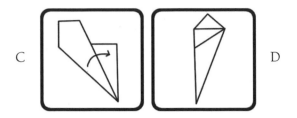

C   D

• Desdoble las hojas, extendiéndolas sobre la mesa como en un princi-pio. De la hoja superior corte con cuidado un trozo de la misma en la fig. E y en color más oscuro muestra el pedazo, retire el resto de la hoja.

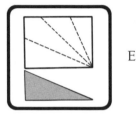

E

• Ahora tiene una hoja completa y un pedazo que coincide con la hoja completa fig. F, pegue este pedazo en la hoja ccompleta por los costados más largos, como se muestra en el dibujo.

F

• De esta manera habrá creado un bolsillo que permite poner dentro un pañuelo u otro objeto pequeño.

Realización

• Para realizar la desaparición del pañuelo, toma la hoja preparada y sujétela con las dos manos de forma que el bolsillo secreto quede hacia el público, mantenga el bolsillo cerrado con su mano derecha fig. 1.

1

• Con las dos manos empiece a doblar la hoja haciendo un cucurucho, cuando haya terminado la abertura del bolsillo secreto quedará en la boca del cucurucho por la parte interior del cono.

• Coloque el cucurucho en la posición que permita que la boca del bolsillo secreto quede lo más cerca de usted.

• Sujetando el cucurucho con su mano izquierda introduzca dentro su mano derecha de forma natural y abra el bolsillo fig. 2.

2

• Saque su mano y coja un pañuelo: lo introduce dentro del bolsillo secreto, para el público usted está introduciendo el pañuelo dentro del cucurucho fig. 3.

3

• Cuando haya colocado el pañuelo, con los dedos de su mano derecha cierre el bolsillo y lo mantiene junto con la hoja fig. 4.

• Con su mano derecha manteniendo el periódico, utilice la mano izquierda para desplegar la hoja de papel fig. 5.

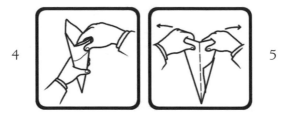

4   5

• Cuando lo haya hecho siga manteniendo con su mano derecha la boca del bolsillo cerrada y con su mano derecha coja el otro extremo de la hoja para enseñar que el pañuelo ha desaparecido fig. 6.

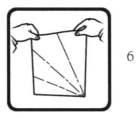

6

• Ahora puede soltar su mano izquierda, manteniendo la mano derecha sobre la hoja y muestre el periódico por ambos lados, el pañuelo ha desaparecido fig. 7.

7

El escape de la etiqueta

Efecto

• El mago entrega para su examen una etiqueta de papel y un cordón, ensarta el cordón por el agujero de la etiqueta y da a sostener los extremos del cordón a dos espectadores.

• El mago cubre la etiqueta con un pañuelo, pone su mano debajo del mismo y al cabo de unos segundos saca la etiqueta intacta aunque los espectadores siguen sosteniendo los extremos del cordón.

Preparación

• Se precisan unas etiquetas de unos 7 centímetros de largo por 3 centímetros de ancho, con un agujero en la parte superior que permita pasar el cordón.

• Estas etiquetas se las puede construir con un pedazo de cartulina o bien comprarlas en algún comercio del ramo.

• Normalmente las etiquetas que se venden ya llevan un agujero, reforzado en su parte superior (fig. A).

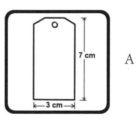

• También necesitará un pedazo de cordón, de unos 50 centímetros, que pueda pasarse a través del agujero y un pañuelo de bolsillo.

• Coloque una etiqueta dentro de la manga derecha de su americana de forma que no pueda ser vista por los espectadores.

Realización

• Pida la colaboración de dos espectadores y deles a examinar el cordón y la etiqueta, que debe ser un duplicado de la que lleva escondida en la manga.

• Pase el cordón por el agujero de la etiqueta y dé a sostener sus extremos a cada uno de los espectadores, quedando la etiqueta colgando en el centro del cordón (fig. 1).

• Saque el pañuelo de su bolsillo muéstrelo vacío y cubra la etiqueta, deje el pañuelo lo suficientemente desplegado para cubrir toda la zona (fig. 2).

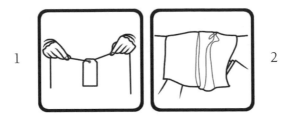

- Introduzca sus manos por dentro del pañuelo y con cuidado rompa la etiqueta por el agujero y sáquela de la cuerda (fig. 3).

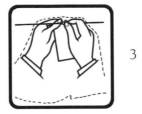

- Tenga cuidado de no realizar movimientos bruscos al romper la etiqueta, para que los espectadores no puedan darse cuenta de la maniobra.

- Con su mano derecha introduzca la etiqueta rota dentro de su manga izquierda (fig. 4).

- Con su mano izquierda saque la etiqueta que llevaba oculta en su manga derecha (fig. 5).

• Saque sus manos de debajo el pañuelo, mostrando la etiqueta intacta a la vez que saca el pañuelo, para mostrar que el cordón también intacto (fig. 6)

6

El globo faquir

Efecto

• Un gran globo alargado se introduce en un tubo de metal (es una lata de refresco de la que se ha quitado la parta superior e inferior).

• El tubo metálico está en la parte central del globo, con dos lápices se atraviesa el tubo por unos agujeros previamente hechos. El globo no estalla, se retiran los lápices y se saca el globo que aparece intacto, se da a examinar todo el material.

Material necesario

❏ Un globo alargado, se puede utilizar uno de hacer figuras, se encuentran en las tiendas de artículos para fiesta.

❏ Una lata de refresco, que previamente se le ha sacado la parte superior y la inferior y en la que se le habrá practicado cuatro agujeros, alineados de dos en dos.

❏ También puede utilizar cualquier cilindro de cartón o de plástico que se adapte más o menos a la medida de una lata de refresco.

❏ Dos lápices.

Preparación

• Una sola lata preparada puede servir para muchas actuaciones. Con unas tijeras o cúter saque la parte superior e inferior de la misma. Lime los bordes para que el globo pueda introducirse sin rasgarse.

• Con un taladro efectúe cuatro agujeros dos de los cuales deben estar alineados con los otros dos. Los agujeros tienen que ser lo suficientemente grandes como para permitir que pasen los lápices (fig. 1), lime los bordes de los agujeros.

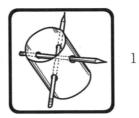

1

• El globo debe estar lo suficientemente hinchado para que pase justo por dentro del cilindro.

• También puede poner el globo deshinchado dentro del cilindro e hincharlo hasta que ocupe toda la superficie.

Realización

• Enseñe el globo e hínchelo. Enseñe el cilindro y coloque el globo dentro, deslícelo hasta que esté en la mitad.

• Cuando el cilindro se encuentre en la mitad, sujételo por los extremos y gire uno de ellos, como si quisiese hacer una figura (fig. 2).

• Los movimientos de girar el globo quedaran cubiertos por la acción de introducir el globo en el cilindro.

• No se preocupe cuando gire el globo, siempre se retorcerá dentro del cilindro.

• Tome los lápices y los introduce a través de los agujeros pasándolos de parte a parte (fig. 2).

2

• Una vez lo haya hecho enseñe visiblemente el cilindro atravesado.

• Saque los lápices y con el movimiento de sacar el globo, lo gira en dirección opuesta de la que ha hecho antes, esto permite que el globo vuelva a su posición inicial.

• Sáquelo del cilindro y demuestre que el globo está intacto.

• Pueda dar todos los objetos a examinar.

El imperdible inofensivo

• Para realizar este efecto se necesitan dos alfileres imperdibles de los de mayor tamaño, se encuentran fácilmente en las mercerías.

Efecto

• Un gran alfiler imperdible se clava en una parte visible de la americana, por ejemplo, en la parte delantera izquierda (fig. 1).

• Otro imperdible igual se enlaza al que ya está clavado (fig. 2).

1 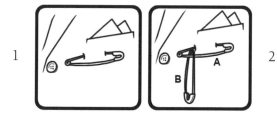 2

• Tirando del alfiler B se demuestra que el alfiler A no puede desprenderse sin rasgar el traje.

• El mago en un abrir y cerrar de ojos tira del alfiler B y el A se desprende del traje, sin romperlo, mostrando al público los dos alfileres enlazados.

Realización

• La ejecución es fácil, pero necesita un poco de ensayo. Para ver de lo que se trata y lo que ocurre, clave el alfiler y cójalo exactamente como muestra la figura 3.

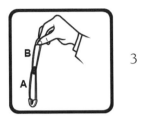

3

• Ahora obligue al alfiler a dar media vuelta hacia su cuerpo (fig. 4). Tire entonces de él, horizontalmente y verá con cuanta facilidad queda libre.

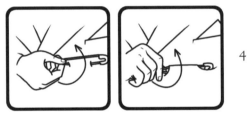

4

• Mientras se tira, la mano debe tener una suave tendencia a girar hacia el cuerpo (ver la flecha) con ello se logra que el alfiler salga siempre centrado.

• Pero, si retirase el imperdible ante el público del modo que se acaba de describir, los espectadores se darían cuenta del movimiento y dejaría de ser un juego de manos.

• Para que sea un número de magia, en lugar de coger el alfiler clavado con los dedos, enlace en él, otro alfiler igual, según se ha dicho anteriormente, y con este obligue al otro a dar media vuelta hacia el cuerpo.

• Pero, además, mientras se hace girar el alfiler clavado, la mano izquierda extendida verticalmente lo tapa a modo de pantalla. Al desprenderse el alfiler, la mano izquierda, que lo ha tapado un segundo, simula sacudir el polvo precisamente en el lugar donde lógicamente debería aparecer un rasguño.

• Si se hacen rápidos y casi simultáneamente los movimientos de ocultar, tirar y sacudir el polvo, el punto débil de tener que ocultar el alfiler clavado, queda muy disimulado.

Notas

Es preciso que los alfileres utilizados no tengan defectos de construcción y es conveniente que el brazo móvil tenga poca elasticidad.

También se puede hacer clavando el alfiler en la parte delantera del pantalón, en el muslo.

En este caso es preciso que la tela esté tirante en el sitio donde se clava el alfiler y que el tejido no sea muy grueso, como el de los abrigos o jerséis.

Puede taparse con un pañuelo el alfiler que se libera, pero es más normal que se tape con la mano.

El jarrón hindú

Efecto

• El mago muestra un jarrón de sobremesa y una cuerda, hace notar que el diámetro de la cuerda es la mitad de ancho que la boca del jarrón, para demostrarlo introduce un extremo de la cuerda dentro del jarrón y la saca con facilidad.

• El mago vuelve a colocar la cuerda dentro del jarrón, lo gira y al soltar la cuerda se ve que queda suspendida del jarrón. Ahora coge la cuerda y suelta el jarrón que se gira y queda suspendido de la cuerda pudiendo balancearse de un lado al otro como si fuese un péndulo.

• Después el mago toma con su mano izquierda el jarrón y sin ninguna dificultad con su mano derecha tira de la cuerda que sale fácilmente de dentro el jarrón.

Preparación

• Necesitará un jarrón o florero de cuello largo y estrecho, se puede encontrar en cualquier casa de decoración.

• También necesitará un pedazo de cuerda de unos 60 centímetros que pueda introducirse fácilmente por el cuello del jarrón.

• Y esto es el secreto: una bola de corcho o goma que sea algo más grande que la mitad del diámetro del cuello del jarrón (fig. A).

A

Realización

• Empiece con el jarrón y la bola en su interior, asegúrese de que cuando lo mueva no pueda salir la bola, sujételo con su mano derecha.

• Muestre una cuerda e introdúzcala por el cuello del jarrón, la introduce y la saca para demostrar que entra con facilidad (figs. 1 y 2).

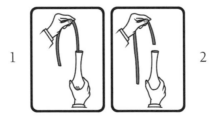

1   2

• Introduzca de nuevo la cuerda dentro de jarrón hasta que el extremo llegue al fondo (fig. 3).

• Manteniendo la cuerda en esta posición gire el jarrón y la cuerda hacia abajo, siga sujetando la cuerda. Esto permite que la bola que hay dentro del jarrón se desplace hacia la boca del mismo quedando retenida entre la cuerda y la pared del jarrón (fig. 4).

• Lentamente va soltando la cuerda que se mantendrá dentro de jarrón debido a la presión que hace la bola, tire un poco de la cuerda para que quede bien encajada y sujeta (fig. 5).

• Coja ahora el extremo de la cuerda y suelte el jarrón, el cual quedará suspendido de la cuerda como si una fuerza misteriosa lo sujetase (fig. 6).

• Ahora puede balancear el jarrón que se mantendrá suspendido de la cuerda.

• Al cabo de unos instantes y con el jarrón en posición vertical tome la cuerda y haga una presión hacia dentro, lo cual facilitará que la bola se suelte y caiga en el fondo del jarrón (fig. 7).

• Saque la cuerda y con el pretexto de dar a examinar el jarrón, lo toma por el cuello y lo gira, con lo cual la bola caerá en su mano quedando oculta por los dedos, pudiendo así dar todo el material para su examen (fig. 8).

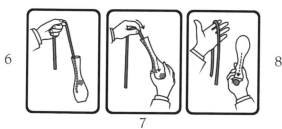

Elección misteriosa de un número

Efecto

• El mago escribe una predicción en un papel, lo pliega y lo entrega a un espectador para que lo guarde.

• Después pide al público que elija cinco número entre 1 y el 25, una vez lo ha hecho se realiza la suma de estos cinco números.

• Se pide que el espectador abra la predicción que tenía guardada y en el papel aparece escrito el resultado de la suma de los cinco números elegidos al azar.

Realización

• Para elegir los cinco números utilice una hoja en la que aparezcan impresos los números del 1 al 25 distribuidos en cinco filas y cinco columnas (fig. 1).

Selector de
Números Aleatorios

1	2	3	4	5
6	7	8	9	10
11	12	13	14	15
16	17	18	19	20
21	22	23	24	25

1

• Esta hoja se la puede construir con su ordenador y después imprimirla.

• Pida a un espectador que diga un número entre el 1 y el 25, cuando lo haya hecho marque este número con un círculo fig. 2.

2

• Diga ahora que va a tachar todos los números que correspondan a la fila y la columna del número elegido.

• Tache ahora todos los números que correspondan a la fila y la columna del número elegido (fig. 3).

3

• Pida a otro espectador que elija otro número, que no está tachado, y lo marca con un círculo (fig. 4) y repita la operación de tachar el resto de los números de la fila y columna del número elegido (fig. 5).

4      5

• Pida a otro espectador que elija otro número no tachado y lo marca con un círculo y repita la operación de tachar el resto de los números de su fila y columna (fig. 6).

6

• Repita la operación con un cuarto y quinto espectador (fig. 7).

• Cuando haya finalizado la elección del quinto espectador, quedará un número sin marcar, marque con un círculo este número (fig. 8).

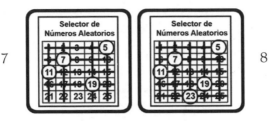

7   8

• Pida a los espectadores que hagan la suma de los cinco números que están marcados con un círculo, los que han ido eligiendo (fig. 9).

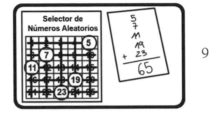

9

• El total de la suma coincide con el número que aparece escrito en la predicción que había hecho y que ha estado guardada por el espectador. (fig. 10).

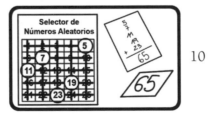

10

• El juego es automático, si se realizan las operaciones correctamente el resultado siempre es 65.

La evasión de la americana

Efecto

• Muestre al público un colgador de madera para chaquetas, y en el que hay colgado dos largos pedazos de cuerda y que es un buen método para almacenar las cosas.

- Pero también diga que a veces es un problema.

- Pida a dos espectadores que le ayuden. Después de pedirle a un espectador prestada su americana, la cuelga en la percha y pasa las cuerdas por cada una de las mangas, tome una cuerda de cada manga y las anuda dejando la chaqueta aprisionada en la percha.

- Dé a sostener a cada espectador los dos extremos de las cuerdas de su lado y usted sostenga la percha con la americana.

- Cuando usted lo indica, los espectadores tiran de la cuerda en direcciones opuestas.

- La cuerda penetra mágicamente por la americana quedando esta libre.

- Devuelva la americana al espectador y dé a examinar las cuerdas y la percha.

Material necesario

☐ Dos pedazos de cuerda de unos dos metros y medio.

☐ Hilo de coser.

☐ Una percha.

Preparación

- A.- Corte dos pedazos de cuerda de unos cuatro metros aproximadamente.

- Dóblelos por la mitad y los ata con un pedazo de hilo no muy fuerte, como muestra el dibujo (fig. 1).

- B.- Es mejor utilizar una percha de madera con un amplio soporte para colgar la americana por los hombros.

1

• Ponga las cuerdas alrededor del gancho que lleva la percha (fig. 2).

2

• Cuando tome la percha con las cuerdas tenga precaución de cubrir con la mano el punto donde las cuerdas están unidas por el hilo.

Realización

• Pida a dos espectadores que le ayuden, uno debe llevar una americana.

• Pídale a este que le deje la americana y la cuelga en la percha. Procure que la unión de las dos cuerdas quede detrás de gancho (fig. 3).

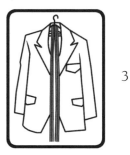

3

• Haga que uno de los espectadores sostenga la percha, pase las cuerdas por cada una de las mangas, como se ve en el dibujo (fig. 4).

4

• Gire la chaqueta cara hacia el público, la unión de las cuerdas queda oculta por el cuello de la chaqueta (fig. 5).

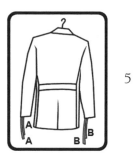

5

• Pida a los espectadores que le ayuden, que tomen, cada uno, una cuerda de cada manga y las anuden con un solo nudo (fig. 6).

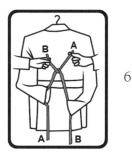

6

• Este es el punto importante del juego, cuando los espectadores anudan las cuerdas lo que hacen es cambiar sus lados.

• Simplemente cuando la cuerda de la manga derecha se anuda y se da al espectador de la izquierda y la cuerda de la manga izquierda se anuda y se da al espectador de la derecha (fig. 7).

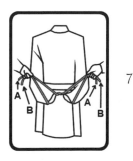

7

• Con el mago detrás de la chaqueta, aguantando la percha, pida a los espectadores que cuando cuente tres tiren fuerte de las cuerdas. Cuente tres y al tirar de las cuerdas, el hilo que las mantenía unidas por su centro, se romperá y quedaran fuera de la chaqueta, sujetadas por los dos espectadores (fig. 8).

8

La bolsa de doble pared

• Este es un artilugio que le puede servir para innumerables efectos, aquí se describe su construcción y dos aplicaciones como ejemplo, pudiendo usted aplicarlo de la forma que más le convenga según el juego que quiera hacer.

Preparación

• Se necesitan dos bolsas de papel iguales, del tipo para poner comida, se pueden conseguir en muchas tiendas de comestibles, corte una bolsa por la mitad por la línea de puntos que aparece en el dibujo y quédese la parte B, la parte A la puede desechar (fig. A).

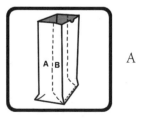

A

• Extienda sobre la mesa la parte B y ponga pegamento en los tres lados (fig. B).

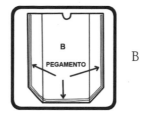

B

• Introduzca la parte B dentro de la bolsa, alineando los lados superiores de las dos bolsas, enganche los lados que tienen pegamento en la parte inferior y costados de la bolsa normal. Los lados de la parte B quedarán enganchados en los mismos de la bolsa (fig. C).

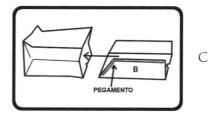

C

• Para el público parece una bolsa normal, pero en su interior tiene un compartimento secreto (fig. D).

D

Desaparición en la bolsa de doble pared

Efecto

• Con la bolsa de doble pared, podrá hacer desparecer un objeto que ha colocado dentro.

Realización

• Supongamos que queremos hacer desparecer un billete de banco, para eso tome la bolsa de papel de doble pared, con su mano izquierda y mantenga el compartimento secreto hacia usted.

• El dedo pulgar sostiene la bolsa por su parte exterior y su dedo índice por dentro del compartimento secreto y los otros dedos por la abertura principal de la bolsa (fig. 1). Esto permite tener el compartimento secreto abierto. Mantenga la bolsa un poco inclinada hacia usted para evitar que el público pueda ver la abertura del compartimento falso.

1

• Tome un billete y colóquelo dentro del compartimento falso (fig. 2).

2

• Deje la bolsa sobre la mesa y que el compartimento falso quede en la parte de atrás.

• Cuando quiera hacer desaparecer el billete tome la bolsa cogiéndola, con su mano izquierda, por detrás y con los dedos de su mano mantenga el compartimento secreto cerrado (fig. 3).

• Haga un gesto mágico, como para hacer desaparecer el billete y con su mano derecha tome la parte frontal de la bolsa, sin preparación, y rómpala hacia abajo, mostrando su interior (fig. 4). La mano izquierda sigue sujetando la parte de atrás de la bolsa donde hay el compartimento secreto.

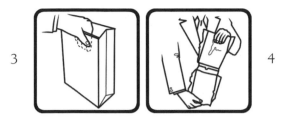

3   4

• Ahora puede mostrar la bolsa completamente vacía, la puede estrujar y dejarla detrás de la mesa, teniendo cuidado de que no se vea el compartimento secreto con el billete en su interior.

Transformación en la bolsa de doble pared

Efecto

• Con la bolsa de doble pared, puede transformar un objeto que ha colocado dentro.

Preparación

• Supongamos que quiera transformar un pañuelo en una carta. Ponga la carta dentro de la bolsa, fuera del compartimento secreto, la pliega y la deja encima de la mesa fig. A.

A

Realización

• Tome la bolsa y sujétela por su parte superior manteniendo la abertura del compartimento secreto abierta, tal y como se indica en el efecto de Desaparición en la bolsa de doble pared (fig. 1).

• Tome un pañuelo de seda e introdúzcalo dentro del compartimento secreto (fig. 2).

• Deje la bolsa sobre la mesa, de manera que el compartimento secreto quede hacia usted, como se describe en el juego anterior de la bolsa de doble pared.

• Tome la bolsa con su mano izquierda, cerrando el compartimento secreto entre su pulgar y el resto de los dedos.

• Ponga su mano derecha dentro de la bolsa y saque la carta mostrándola al público y la deja encima de la mesa (fig. 3).

• Tome con su mano derecha la parte frontal de la bolsa y rómpala en dirección hacia abajo, mostrando la bolsa vacía y el público creerá que ha transformado un pañuelo en una carta (fig. 4).

• Estruje la bolsa y déjela detrás de la mesa, teniendo precaución de que el público no vea el pañuelo en el compartimento secreto.

La predicción del arco iris

Efecto

• El mago muestra ocho cuadraditos de cartón de colores, extendiéndolos sobre la mesa para que el público pueda verlos.

• El mago escribe una predicción en un papel, lo pliega y lo da a guardar a una persona del público.

• Un espectador recoge todos los pedacitos y los pone dentro de un pañuelo, envolviéndolos. A continuación se le pide al espectador que ponga su mano en el interior del pañuelo y que saque un cartoncito.

• Una vez lo haya hecho se abre la predicción y se lee, que ha de coincidir con el cartoncillo.

Preparación

• Compre en una papelería cartulina de colores, deben ser colores fácilmente reconocibles, corte ocho cuadraditos de 2,5 cm. de lado de cada uno de los colores.

• También necesitará ocho cuadraditos del mismo tamaño pero todos de un mismo color, supongamos rojos.

• También necesitará dos pañuelos de bolsillo que sean iguales. Los mejores son los que tienen un diseño de colores. Coloque uno encima del otro y cósalos tal y como se ve en la fig. A, siguiendo la línea de puntos.

• Como ve en la fig. B el punto X coincide con el centro del pañuelo. La costura que va de XY y XZ forma un bolsillo secreto que puede ser abierto por AB.

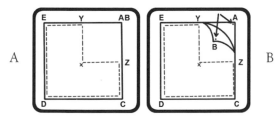

• Cosa ahora un par de pequeñas cuentas en las esquinas A y B. Estas cuentas le servirán para abrir con facilidad el bolsillo.

• Coloque los ocho cuadraditos rojos dentro del bolsillo secreto (fig. C).

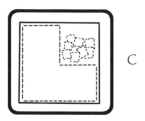

• Tome las esquinas A y B y sacuda el pañuelo, póngaselo en el bolsillo con las puntas A y B hacia arriba para que cuando las coja no caigan los cartoncillos que está en el bolsillo secreto.

• Encima de la mesa tiene los ocho cartoncillos de diferentes colores, un lápiz y un pequeño bloc fig. D.

Realización

• Muestre los ocho cartoncillos de colores, tome el bloc y sin que los espectadores lo vean, escriba, «elegirá el color rojo», es el color de los ocho cartoncillos que están en el bolsillo secreto.

• Doble la hoja de forma que no se pueda leer lo que ha escrito y se la entrega a un espectador para que la guarde.

• Con su mano derecha tome del bolsillo el pañuelo, cogiéndolo por las puntas A y B, que le será fácil de localizar debido a las cuentas que llevan cosidas.

• Sin soltar las puntas abra el pañuelo y lo enseña por ambos lados, vuelva ahora a recoger las cuatro esquinas en su mano derecha de manera que se forme una bolsa (fig. 1).

1

• Pida a un espectador que recoja los cartoncillos de colores que hay encima de la mesa, mientras el mago sostiene el pañuelo cogido por sus esquinas.

• Con su pulgar e índice izquierdos deje colgar la esquina D, permitiendo al espectador que ponga los cartoncillos en el interior del pañuelo. Estos cartoncillos no van dentro del bolsillo secreto (fig. 2).

2

• Sacuda la bolsa mezclándolos cartoncillos de colores en su interior. Deje colgar la esquina A y pida al espectador que ponga su mano dentro de la bolsa y saque un cartoncillo, en realidad pondrá su mano dentro del bolsillo secreto y sacará un cartoncillo rojo, asegúrese que solo saque un cartoncillo (fig. 3).

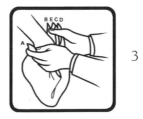

3

• Una vez el espectador tiene el cartoncillo en su mano, estruje el pañuelo y póngaselo dentro del bolsillo, conjuntamente con los cartoncillos.

• Pida al espectador que tenía la predicción que la abra y enseñe los que hay escrito, coincidirá con la fig. 4.

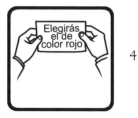

4

Las nueve cartulinas

Efecto

• El mago muestra nueve cartulinas, cada una de las cuales lleva escrito en grandes caracteres el nombre de un color y las distribuye entregando tres a un primer espectador, tres más a un segundo y las tres restantes a un tercer espectador.

• Cada uno de ellos elige secretamente una y la guarda en el bolsillo de la izquierda de su chaqueta, las dos no elegidas las guarda en el bolsillo de la derecha.

• El mago presenta primero tres pañuelos de diferentes colores, después otro grupo de tres y finalmente otros tres.

• Los colores de los nueve colores presentados corresponden a los escritos en las cartulinas.

• Cada espectador, mirando los pañuelos del primer grupo, deberá decir solamente si entre ellos se encuentra el que corresponde con el color escrito en la cartulina elegida.

• En caso de respuesta afirmativa, el mago lo coge y se lo entrega. Lo mismo se hace con el segundo y tercer grupo de pañuelos.

• Al final cada espectador saca de su bolsillo izquierdo la cartulina elegida y comprueba que coincide el color escrito en la cartulina con el del pañuelo que ha entregado a cada espectador.

Realización

• Las nueve cartulinas que se aparenta entregar de una forma casual deben en realidad ser repartidas a los espectadores en el siguiente orden.

☐ *1er. Espectador:* Azul, rojo y amarillo

☐ *2º. Espectador:* Verde, negro y celeste

☐ *3er. Espectador:* Gris, naranja y blanco

• Los tres grupos de pañuelos se deben combinar de la siguiente manera.

☐ *1er. Grupo:* Rojo, verde, gris

☐ *2º. Grupo:* Azul, negro, naranja.

☐ *3er. Grupo:* Amarillo, celeste, blanco.

• En cada uno de los tres grupos, si el primer espectador dice que ve su color elegido (cartulina introducida en el bolsillo izquierdo) el pañuelo que se le ha de entregar es el que va indicado con el número 1. En el primer grupo el rojo; en el segundo, el azul; en el tercero el amarillo.

• Para el segundo espectador su pañuelo será el que lleve el nº 2: verde negro o celeste, según el grupo que indique.

• Para el tercer espectador, sus colores serán: en el primer grupo, gris; en el segundo naranja; en el tercero blanco.

El ping-pong

Se trata de un juego cómico que dejará ver el truco a todas las personas del público, a excepción del espectador que está ayudando al mago, creando una situación divertida para todos.

Efecto

• El mago muestra tres pares de pelotas de ping-pong de diferentes colores. Un par es blanco, otro rojo y otro azul.

• El mago pone dentro de una bolsa de papel las seis pelotas, pidiendo a dos espectadores que se coloquen uno a cada lado del mago. El espectador que está a la izquierda del mago pone su mano dentro de la bolsa y sin mirar saca una pelota, sin importar de qué color es, el otro espectador siempre saca una pelota del mismo color que el primero.

Preparación

• Lo que el primer espectador no sabe es que el público y el otro espectador pueden ver las pelotas que hay dentro de la bolsa, a través de una ventana que hay en la misma, pudiendo todo el mundo, a excepción del espectador, ver el funcionamiento del juego.

• Tome una bolsa de papel normal, de un tamaño estándar, tipo bolsa de comida, y haga una abertura a un lado de la bolsa fig. A y B.

• La posición de la abertura debe ser tal que quede oculta cuando la bolsa está plegada sobre su propio fondo, de esta forma la bolsa se puede enseñar por todos lados.

• Una vez hecho esto, pegue o enganche con un celo transparente un trozo de envoltura de cocina, plástico transparente.

• Como se puede apreciar en la ilustración se ha formado una especie de ventana que permite ver el interior de la bolsa.

• Compre seis pelotas de ping-pong, de tres colores diferentes, si no las encuentra puede pintarlas con un rotulador permanente (fig. C).

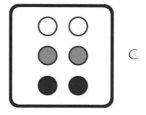

• También puede utilizar pequeñas pelotas que puede encontrar en una juguetería.

Realización

• Pida a dos espectadores que vengan a ayudarle, colocándose uno a cada lado de usted, todos de cara al público. Muestre las seis pelotas y llame la atención que son tres pares de colores. Tome la bolsa y muéstrela doblada de manera que todos pueden ver que es una bolsa normal.

• Abra la bolsa de manera que la ventana quede cara hacia el público y no hacia el espectador de la izquierda.

• De manera clara ponga las seis pelotas dentro de la bolsa. El público verá que se trata de una bolsa trucada y a continuación sabrá el por qué (fig. 1).

1

• Pida al espectador de su izquierda que ponga la mano dentro de la bolsa y sin mirar saque una pelota. Le pide que la guarde dentro de la mano sin que nadie conozca el color. Asegúrese de coger la bolsa de tal manera que la ventana no quede hacia él y no pueda ver el truco (fig. 2).

2

• Una ver haya sacado la pelota, gire su cuerpo hacia la derecha y explique al otro espectador que debe concentrase, poner la mano dentro de la bolsa y sacar la pelota que coincida con la que ha sacado el otro espectador. Asegúrese que la ventana quede hacia él.

• Una vez vea la ventana, comprenderá de qué va el juego y le será fácil ver qué pelota coge ya que será la única pelota de dentro de la bolsa que no tiene pareja (fig. 3).

3

• Una vez el segundo espectador ha sacado la segunda pelota, pida al primer espectador que enseñe la pelota que había cogido y verá que coincide con el color de la pelota que ha sacado el otro espectador (fig. 4).

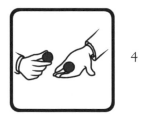

4

• Pida a los espectadores que devuelvan las pelotas dentro de la bolsa y repita el juego unas cuantas veces más, convirtiéndose cada vez más en una situación cómica.

Tres en raya

Efecto

• Antes de empezar la partida, entregue a un espectador un sobre cerrado y diga que dentro hay una predicción de cómo acabará la partida.

• Saque una hoja en la que aparece la cuadrícula del tres en raya y empiece a jugar con un espectador, cuando todos los cuadros están llenos, pida que abra el sobre y dentro encuentra una hoja marcada de la misma manera que la que se ha jugado.

Preparación

• Construya una hoja donde aparezca la cuadrícula, la puede construir con su ordenador, y dibuje en cada cuadro una X o una O, como muestra la fig. 12/13.

• Ponga esta hoja dentro de un sobre, lo cierra y ya estará preparado para hacer este pequeño milagro.

• Esta operación la puede hacer en su casa y ya llevarla preparada o antes del juego fuera de la vista del público.

Realización

• Empiece diciendo que el espectador que jugará con usted, tendrá la libertad de dibujar su marca donde lo desee y el primero que consiga tener sus tres marcas alineadas en cualquier dirección, ganará.

• Empiece usted dibujando su marca X en el centro de la cuadrícula (fig. 1).

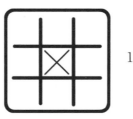

1

• El espectador puede dibujar su marca O en cualquier cuadro, pero realmente solo hay dos posibilidades donde pueda dibujarla, en un cuadrado de la esquina fig. 2 o en un cuadrado del medio (fig. 3).

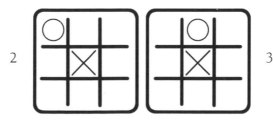

2   3

• Lo único que usted debe recordar es que si el espectador dibuja su marca O en un cuadrado de la esquina todas las marcas X que usted dibuje hasta el final del juego, deberán estar dibujadas con respecto a la O en el primer cuadro vacío siguiendo el sentido horario (fig. 4).

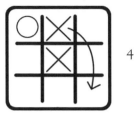

4

• Si el espectador dibuja su marca O dentro de un cuadrado del medio, todas las X que dibuje usted hasta el final del juego deberán estar con respecto a la O dibujadas en el primer cuadro vacío siguiendo un sentido contrario a las agujas del reloj (fig. 5).

5

• Mientras realiza el juego el espectador tendrá completa libertad de dibujar su marca en cualquier cuadro vacío.

• Usted solo debe recordar de dibujar su marca X en sentido horario o contrario a las agujas del reloj.

• Cuando todos los cuadrados estén dibujados, pida que abran la predicción y el público comprobará que coincide fig. 13.

• Para practicar póngase en lugar de los dos y verá que siempre coincide la predicción.

• En las figs. 6 a la 12, tiene una secuencia de cómo se puede desarrollar el juego.

6  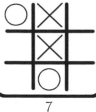  8

7

9 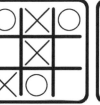  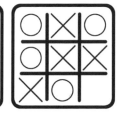 11

10

12/13

TIENDAS DE MAGIA

Aquí tiene las direcciones de las tiendas de magia más importantes de España, donde puede adquirir el material que se precisa para realizar algunos juegos de este libro. También puede ir ampliando sus conocimientos mediante los juegos, libros o DVD que tienen a la venta.

La compra *online* es segura y cómoda si usted no tiene cerca algunas de ellas.

Casa Magicus www.magicus.es

El Rey de la Magia www.elreydelamagia.com

Selecciones Mágicas www.seleccionesmagicas.com

La Varita www.lavarita.com

Magia Madrid www.magiamadrid.es

Magia Estudio www.magiaestudio.com

Tienda de Magia www.tiendamagia.com

As de Magia www.asmagia.com

Magilusion www.magilusion.com

Magos Artesanos www.magosartesanos.com

Taller de teatro

CÓMO MONTAR UN ESPECTÁCULO TEATRAL
Mercè Sarrias y Miguel Casamayor

El teatro es una de las experiencias vitales más complejas y enriquecedoras que existen. Meterse en la piel de un personaje es siempre tan laborioso como apasionante. De ahí que surjan tantos grupos teatrales, profesionales o aficionados, que tras semanas de ensayos consiguen llevar a cabo ese momento mágico que es la representación.

Este libro es una útil herramienta de trabajo que describe con precisión pero de forma desenfadada y amena los elementos necesarios para montar un espectáculo teatral.

LA EXPRESIÓN CORPORAL
Jacques Choque

Jacques Choque propone diferentes ejercicios de expresión corporal. Cada sesión está pensada como un nuevo descubrimiento de uno mismo gracias al maravilloso instrumento que es el cuerpo humano, en el que hay que ir profundizando y dominando mediante la armonía de la mente con el cuerpo. Gracias a las actividades propuestas, la expresión corporal permite a los participantes tomar conciencia de sus posibilidades gestuales o mejorarlas.

Taller de teatro/música

EL MIEDO ESCÉNICO
Anna Cester

Muchos cantantes, bailarines, actores, músicos… ya sean amateurs, estudiantes o grandes intérpretes afirman que la ansiedad escénica les afecta negativamente, disminuyendo su rendimiento y la calidad de su actuación. Es un hecho evidente que el trac no es selectivo, nos afecta a todos en mayor o menor intensidad.

El objetivo principal de este libro es ofrecer al lector conocimientos y habilidades en la preparación para actuar ante público, así como recursos para afrontar la ansiedad escénica sin que ésta interfiera en su buena interpretación

En la misma colección Ma Non Troppo / Taller de:

Taller de música:

Cómo potenciar la inteligencia de los niños con la música - *Joan Maria Martí*

Ser músico y disfrutar de la vida - *Joan Maria Martí*

Cómo preparar con éxito un concierto o audición - *Rafael García*

Técnica Alexander para músicos - *Rafael García*

Musicoterapia - *Gabriel Pereyra*

Cómo vivir sin dolor si eres músico - *Ana Velázquez*

El lenguaje musical - *Josep Jofré i Fradera*

Mejore su técnica de piano - *John Meffen*

Guía práctica para cantar - *Isabel Villagar*

Taller de teatro:

El miedo escénico - *Anna Cester*

La expresión corporal - *Jacques Choque*

Cómo montar un espectáculo teatral - *Miguel Casamayor y Mercè Sarrias*

Manual del actor - *Andrés Vicente*

Taller de escritura:

El escritor sin fronteras - *Mariano José Vázquez Alonso*

La novela corta y el relato breve - *Mariano José Vázquez Alonso*

Cómo escribir el guión que necesitas - *Miguel Casamayor y Mercè Sarrias*

Taller de comunicación:

Periodismo en internet - *Gabriel Jaraba*

Youtuber - *Gabriel Jaraba*